Christoph Schulz
Julian Hölzer

KOCHEN fürs Klima

Christoph Schulz
Julian Hölzer

KOCHEN fürs Klima

Wie du dich nachhaltig und umweltbewusst ernährst

riva

Bibliografische Information der Deutschen Nationalbibliothek
Die Deutsche Nationalbibliothek verzeichnet diese Publikation in der Deutschen Nationalbibliografie. Detaillierte bibliografische Daten sind im Internet über http://d-nb.de abrufbar.

Für Fragen und Anregungen
info@rivaverlag.de

MIX
Aus verantwortungsvollen Quellen
FSC® C106954
www.fsc.org

Klimaneutral
Druckprodukt
ClimatePartner.com/13415-2010-1001

Wichtiger Hinweis
Dieses Buch ist für Lernzwecke gedacht. Es stellt keinen Ersatz für eine individuelle medizinische Beratung dar und sollte auch nicht als solcher benutzt werden. Wenn Sie medizinischen Rat einholen wollen, konsultieren Sie bitte einen qualifizierten Arzt. Der Verlag und die Autoren haften für keine nachteiligen Auswirkungen, die in einem direkten oder indirekten Zusammenhang mit den Informationen stehen, die in diesem Buch enthalten sind.

Originalausgabe
1. Auflage 2021

Türkenstraße 89
80799 München
Tel.: 089 651285-0
Fax: 089 652096

Redaktion: Svenja Stein
Umschlaggestaltung: Manuela Amode
Umschlagabbildungen: Vorderseite: Shutterstock.com: Magdanatka, nelea33, VICUSCHKA, Anna Shepulova; Rückseite: Stephanie Just
Satz: Satzwerk Huber, Germering
Druck: Florjancic Tisk d.o.o., Slowenien
Printed in the EU

ISBN Print 978-3-7423-1509-0
ISBN E-Book (PDF) 978-3-7453-1175-4
ISBN E-Book (EPUB, Mobi) 978-3-7453-1176-1

Weitere Informationen zum Verlag finden Sie unter

www.rivaverlag.de

Beachten Sie auch unsere weiteren Verlage unter www.m-vg.de

Inhalt

Herbst........................ 158

Winter........................ 182

*»Erst wenn der
letzte Baum gerodet,
der letzte Fluss vergiftet,
der letzte Fisch gefangen ist,
werdet ihr feststellen, dass man
Geld nicht essen kann.«*

Weissagung der Cree

Vorwort

Es vergehen etwa 15 Minuten vom ersten Gabelstich bis zum blank geputzten Teller. Eine ziemlich kurze Zeit, die wir aber umso mehr genießen. Mehrmals am Tag entscheiden wir uns für etwas Leckeres, das uns und unserem Gaumen eine Freude bereitet. Auf der Suche nach leckeren Rezepten und tollen Mahlzeiten legen wir besonderen Wert auf Geschmack, Gesundheit und Optik. Wir achten penibel darauf, dass uns Essen glücklich macht. Gleichzeitig bleibt es unserem Planeten oft im Halse stecken. Denn gerne wird vergessen, dass das saftige Rindersteak und die süße Käsesahnetorte bereits ein Leben vor dem Zubereiten und Anrichten geführt haben. Ein Blick über den Tellerrand hinaus lässt uns tief in die Abgründe des menschlichen Verhaltens und dessen fatale Folgen für den Planeten abdriften.

Unser Planet dürfte demnächst durchgebraten sein. Und obwohl wir das wissen, spielt unsere Ernährung bisher eine äußerst untergeordnete Rolle im Hinblick auf die globale Erwärmung – immerhin das größte Umweltproblem unserer Zeit. Wem kann man das schon übel nehmen? Schließlich sind die Treibhausgase nicht auf den ersten Blick erkennbar, die für die Erzeugung, die Verpackung, die Lagerung und die Verarbeitung in der Küche herausgeblasen werden. Der so niedlich klingende Begriff »Klimawandel« lenkt von den menschengemachten Ursachen und schwerwiegenden Folgen ab, die er schon jetzt für alle Lebewesen auf diesem Planeten mit sich bringt. Die Erde stößt buchstäblich sauer auf, denn Naturkatastrophen mehren und Viren verbreiten sich. Korallen sterben, Gletscher schmelzen, Wälder verbrennen, Arten verschwinden, Menschen und Tiere verhungern und verdursten. Der Meeresspiegel steigt und Inseln gehen unter – genauso wie unzählige Existenzen.

Wir müssen verstehen, dass jede Mahlzeit ihre ganz eigene Geschichte zu erzählen hat, auch wenn sie nur 15 Minuten dauert. Je besser wir zuhören und je mehr wir unser eigenes Verhalten hinterfragen, desto größer ist die Chance, positiven Einfluss auf unseren Planeten zu nehmen. Wir müssen lernen, festgefahrenen Gewohnheiten zu entfliehen und unsere Ernährung nachhaltig zu gestalten. Nachhaltig für unseren

Planeten – aber auch nachhaltig für Menschen und Tiere, sowie für unsere Gesundheit und die Zukunft unserer Kinder und Enkelkinder.

Zum Glück kann jeder durch die Wahl der eigenen Gerichte selbst bestimmen, in welche Richtung sich unsere Gesellschaft verändern soll. Dabei muss sich niemand perfekt verhalten – es ist schon großartig, wenn viele Menschen im Kleinen gute Entscheidungen treffen. Jeder Einzelne bewegt etwas. Auch bei uns landet hin und wieder eine Avocado oder ein bisschen Verpackungsmüll im Einkaufswagen. Da der Entwicklungsprozess zu einer nachhaltigen Ernährungsweise eher einem Marathon als einem Sprint gleicht, kommt man mit kleinen, aber stetigen Schritten einfach und entspannt ans Ziel, statt auf halber Strecke aus der Puste zu sein.

Aber was, wenn wissbegierige Wissenschaftler irgendwann herausfinden, dass der Klimawandel gar nicht so schlimm ist? Dann hätten wir völlig umsonst dafür gesorgt, dass die Landwirtschaft weniger Treibhausgase in die Atmosphäre ausstößt und unser Grundwasser frei von Medikamenten und Giftstoffen bleibt. Dass die Regenwälder als Lebensraum für Tausende Tier- und Pflanzenarten geschützt werden, dass keine Kühe, Schafe, Schweine oder Hühner mehr unnötig in der Massentierhaltung missbraucht und getötet werden. Und dass kein Mensch mehr auf unserem Planeten hungern muss. Oh ja, da würden wir uns aber mächtig ärgern. Ironie aus.[1]

Unser Planet steht in Flammen und unsere Ernährung ist der Brandherd. Deshalb müssen wir etwas ändern. Es gibt keine Alternative. Da du dieses Buch in den Händen hältst, hast du bereits einen sehr wichtigen Schritt getan, um einen Mentalitätswechsel bei dir selbst und in unserer Gesellschaft anzustoßen. Wir wollen dir Schritt für Schritt das WARUM und das WIE beantworten und dir einen gesunden Mix aus Theorie und Praxis an die Hand geben. Zuerst servieren wir dir ein paar Häppchen Hintergrundwissen als Appetitanreger und anschließend leckere Lösungen für die größten Umweltprobleme unserer Zeit, die du zu Hause einfach nachkochen kannst. Du lernst, einzigartige Gerichte zu zaubern, die das Auge, den Gaumen und unsere Umwelt gleichzeitig begeistern. Zum Dessert gibt es eine langfristig umweltfreundliche und gesunde Ernährungsweise, die dein Leben bereichert – versprochen! Du wirst schnell merken, dass die klimafreundliche Küche einfach, unkompliziert, schnell lern- und umsetzbar, günstiger als gedacht, unfassbar vielfältig – und einfach sagenhaft lecker ist. Viel Spaß!

»Die Vernunft beginnt bereits in der Küche.« *Friedrich Wilhelm Nietzsche*

Warum klima-freundlich kochen?

Der rasante Klimawandel ist eine Folge menschlichen Handelns – täglich hinterlässt jeder von uns seinen ganz eigenen ökologischen Fußabdruck. Der eine sanft, der andere stampfend. Fakt ist, die globale Durchschnittstemperatur darf nicht um 1,5 Grad gegenüber der vorindustriellen Zeit ansteigen. Sonst passieren Dinge, die niemandem schmecken dürften: Durch den steigenden Meeresspiegel verschwinden Inseln und Städte, Tier- und Pflanzenarten sterben massenweise aus, unsere Ozeane versauern, noch mehr Menschen verhungern, immer mehr Krankheiten verbreiten sich noch rasanter und Extremwetter wie Sturmfluten und Dürreperioden nehmen nicht nur weiter zu, sondern werden zur Normalität. Nicht mehr umkehrbare Kipp-Punkte, wie die auftauenden Permafrostböden[2], das Schmelzen des Meereises oder das Austrocknen des amazonischen Regenwalds, verwandeln das Pariser 1,5-Grad-

Ziel in eine Mammutaufgabe. Dennoch schrillen die Alarmglocken eher im Stillen. Der Klimawandel schreitet nämlich recht unbemerkt und für die meisten von uns kaum sichtbar voran. Die größte Herausforderung unserer Zeit ist einfach sehr schwer greifbar: Unsere derzeitige Ernährungsweise zerstört die Umwelt – und gleichzeitig steigt unser Nahrungsmittelbedarf.

Doch was nützt uns diese Erkenntnis? Wo anfangen? Das ist doch sicher total anstrengend – lohnt sich das denn überhaupt? Kann ich da wirklich etwas verändern, wenn zum Beispiel die Kohleindustrie ein viel schlimmerer Klimasünder ist? Und was ist mit meinen Freunden – die essen doch auch noch alle kiloweise Fleisch und Tomaten aus Spanien? Warum soll gerade ich damit aufhören?

Immer, wenn wir uns verändern wollen, müssen oder sollen, fällt uns der Anfang schwer. Das gilt für das Abnehmen einiger Kilos, den Nikotinverzicht – aber eben auch ganz besonders für die Umstellung unserer Ernährung. Ausreden kommen uns schneller über die Lippen als nachhaltige Mahlzeiten auf den Teller. Da es bei persönlicher Veränderung oft an Willensstärke und Mut mangelt, gilt also: Nur wer sein Ziel kennt und verinnerlicht hat, geht auch mal steinige Wege, um es zu erreichen. Dabei ist eben dieser Weg, nämlich klimafreundlich zu kochen, bei genauerer Betrachtung nicht einmal besonders steinig.

Doch beginnen wir erstmal mit den Grundlagen: dem Hintergrundwissen. Fast 8 Milliarden Menschen essen täglich 2 bis 3 Mahlzeiten. Diese Lebensmittel müssen bewässert, geschützt, gefüttert, gekühlt, verpackt, transportiert, gekocht, geschüttelt und gerührt werden, bevor sie bei uns auf dem Teller landen. Mit deiner Ernährungsweise nimmst du hierbei eine entscheidende Rolle ein. Eine Hauptrolle sogar, in der du entweder Teil der Lösung oder Teil des Problems sein kannst. Politik und Wirtschaft stecken eher in unspektakulären Nebenrollen fest, da sie sich nur langsam weiterentwickeln. Verändere dich nicht erst, wenn es auch die anderen tun – dafür fehlt einfach die Zeit. Sei mutig – du bist der Protagonist dieser Geschichte! Und mit jedem Lebensmittel, das du in deinen Einkaufskorb legst und jedem Gericht, das du dir zu Hause oder in einem Restaurant genehmigst, entscheidest du, ob die Ernährungsweise unserer Gesellschaft für alle Lebewesen auf dem Planeten ein tragisches oder ein gutes Ende nimmt.

Es ist nicht weiter tragisch, wenn dich die Umweltverträglichkeit deiner Ernährung bis zu diesem Punkt nicht interessiert hat. Viel schlimmer wäre es, wenn es dich danach immer noch nicht interessieren würde. Dich nachhaltig zu ernähren, ist eine Entscheidung, die dich am Ende extrem stolz machen wird. Du reduzierst bewusst, aber ohne großen Aufwand deinen Treibhausgas-Ausstoß, förderst die Wirtschaft in deiner Umgebung und lernst, öfter selbst zu kochen. Dabei ist der Umweltschutz deine Hauptmahlzeit und deine Gesundheit das Dessert. Du hilfst auch dabei, die Verbreitung von Krankheiten einzudämmen und zeigst Respekt gegenüber anderen Kulturen, die bereits heute massiv unter dem Klimawandel leiden. Und fast nebenbei sparst du auch noch Geld.

Um selbst Teil der Lösung zu werden, dich für einen wohltemperierten Planeten einzusetzen und dabei stets motiviert zu bleiben, sollten wir nicht lange um den heißen Brei herumreden, sondern direkt einen Blick auf die Probleme und Herausforderungen wagen. Dabei wird dir sehr schnell auffallen, dass die globale Erwärmung eine Folge unserer Ernährung ist. Sie verschärft alle anderen Umweltprobleme unserer Zeit und wird wiederum selbst von ihnen beschleunigt.

Ökologischer Fußabdruck*

Jeder Mensch hinterlässt durch sein persönliches Verhalten einen ökologischen Fußabdruck. Dieser fasst alle natürlichen Ressourcen zusammen, die er persönlich benötigt, um den eigenen Lebensstandard dauerhaft aufrechtzuerhalten. Dabei werden Werte berücksichtigt, die Einfluss auf unsere Umwelt nehmen, zum Beispiel die Kohlenstoffdioxid- bzw. CO_2-Ausstöße für die Transporte von Online-Bestellungen, der Wasserverbrauch für die Bewässerung der Lebensmittel oder der Anteil des Mülls, der durch Konsum entsteht und recycelt werden kann. Durch den ökologischen Fußabdruck lässt sich das Verhalten von Menschen sehr gut miteinander vergleichen und so verbessern.

* Im Folgenden sind Faktenboxen immer grün markiert.

Nutze diesen Moment, um dir dein persönliches WARUM zu beantworten.

Treibhausgas-Emissionen

- Der Ernährungssektor ist für etwa 40 Prozent der europäischen Treibhausgas-Emissionen verantwortlich.[3]
- Etwa 15 Prozent aller weltweit von Menschen verursachten Treibhausgase sind allein auf die Viehwirtschaft zurückzuführen.[4] Das ist so viel wie die Summe der Treibhausgas-Emissionen aller Schiffe, Flugzeuge, Lkws und Autos zusammen.[5]
- 48 Millionen Tonnen Treibhausgase werden allein in Deutschland umsonst ausgestoßen, weil Lebensmittel in den Müll geworfen werden.[6]

Durch unser alltägliches Handeln gelangen Treibhausgase in die Atmosphäre – also das Laden des Smartphones, die Flugreise nach Ibiza, die Autofahrt zur Arbeit, die Online-Bestellung eines Kleidungsstücks, die Herstellung, der Kauf sowie das Wegwerfen von Produktverpackungen oder das Aufdrehen der Heizung. Diese Gase tragen wesentlich zur globalen Erwärmung bei und zwingen uns dazu, unser Verhalten anzupassen. Unsere Ernährung ist für die Einhaltung des persönlichen Klimabudgets entscheidend, denn durch sie blasen wir Unmengen an klimaschädlichem Kohlenstoffdioxid in die Atmosphäre und beschleunigen den menschengemachten Treibhauseffekt. Erzeugt wird CO_2 unter anderem bei der Erzeugung von Lebensmitteln auf dem Acker und im Viehstall, bei globalen Transporten mit dem Flugzeug, bei der Verarbeitung, dem Verkauf oder durch Online-Bestellungen bei Lieferdiensten und nicht zuletzt durch die Zubereitung in der Küche. Als wäre das noch nicht genug, ist unsere Wegwerfmentalität in Form der globalen Lebensmittelverschwendung für etwa 8 Prozent der Treibhausgas-Emissionen verantwortlich.[7]

1 Kilogramm Rindfleisch aus Brasilien verursacht so viel CO_2 wie 1.600 Kilometer Autofahrt – Rindfleisch aus Mitteleuropa liegt bei etwa 111 Autokilometern.[8]

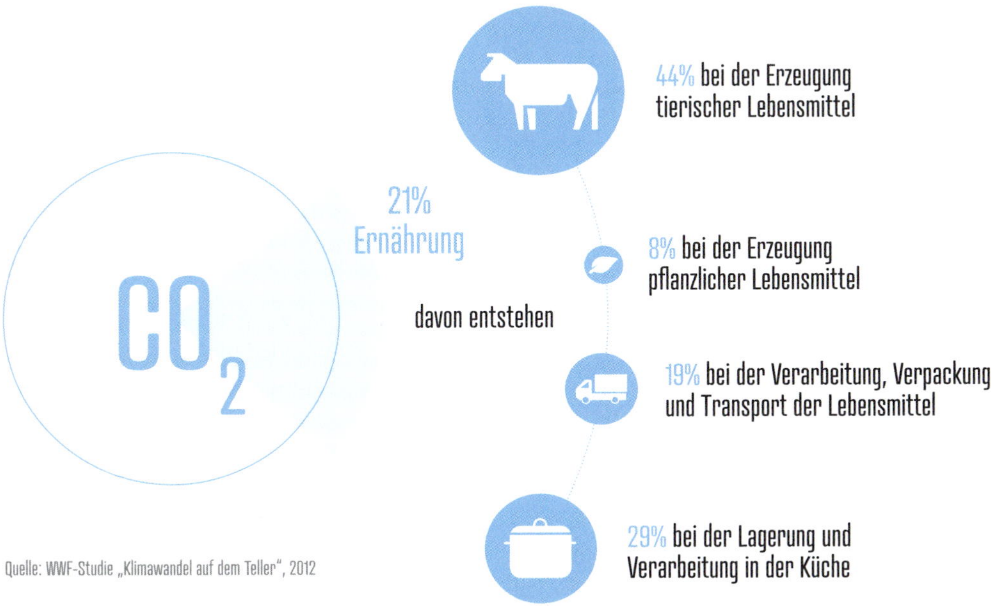

CO_2-Emissionen in Deutschland vom Acker auf den Teller[9]

Persönliches Klimabudget

Um die globalen Klimaziele zu erreichen, steht jedem Menschen ein persönliches Klimabudget von 2,3 Tonnen CO_2 pro Jahr zu, das durch unser individuelles Handeln aufgebraucht wird.[10] Da jeder Deutsche etwa 1,43 Tonnen CO_2 pro Jahr nur durch die eigene Ernährung ausstößt[11], ist das persönliche Klimabudget allein schon dadurch annähernd aufgebraucht. Insgesamt stößt jeder Deutsche durchschnittlich etwa 8,7 Tonnen CO_2 pro Jahr aus – in Indien sind es, zum Vergleich, jährlich nur 1,61 Tonnen CO_2.[12]

Am Anfang dieses Teufelskreises steht die Produktion unserer Lebensmittel. Durch den Betrieb von Landmaschinen, die Produktionsprozesse, den Futteranbau sowie die Herstellung von Mineraldüngern entsteht CO_2. Leider war es das noch nicht: Zusätzlich entsteht das sogar noch 25-mal klimaschädlichere Treibhausgas Methan[13], zum Beispiel durch den Anbau von Reis, das Auftauen von Permafrostböden oder durch die Gase von Kühen, Schafen oder Ziegen beim Futterverdauen.

Der Anteil der Landwirtschaft an den globalen Methan-Emissionen (CH_4) liegt bei 50 Prozent. Hinzu kommen direkte Lachgas-Emissionen (N_2O), die vor allem auf intensiv genutzten Ackerflächen entstehen, auf denen stickstoffhaltiger Dünger in viel zu großen Mengen ausgebracht wird. Dieses Gas ist etwa 310-mal so klimaschädlich wie CO_2[14], da es eine Verweilzeit von über 100 Jahren mit sich bringt und am Abbau der Ozonschicht beteiligt ist.[15] N_2O kann erst im späteren Verlauf in die Atmosphäre entweichen, zum Beispiel aus anliegenden Böden oder durch die Auswaschung von gedüngten Flächen. Die weltweiten Lachgas-Emissionen gehen sogar zu 60 Prozent auf das Konto der Landwirtschaft.[16]

Durch die übernatürliche Treibhausgas-Menge in der Atmosphäre wird mehr Wärme auf der Erde gespeichert. Die steigende globale Durchschnittstemperatur lässt unter anderem die Polkappen schmelzen, den Meeresspiegel steigen und die Ozeane erwärmen. Damit Lebensmittel möglichst in Hochgeschwindigkeit angebaut und um die halbe Welt transportiert werden können, zahlen also unser Klima und wir selbst einen hohen Preis.

Der Treibhauseffekt

Wie bei einem Gewächshaus sorgt der natürliche Treibhauseffekt dafür, dass die Wärme der Sonne zum Teil auf der Erde gespeichert wird. Schichten aus Treibhausgasen wie Kohlendioxid, Wasserdampf oder Methan übernehmen dabei die Funktion der Glasfenster, strahlen einen Teil der Wärme auf die Erde zurück und sorgen dafür, dass wir unter angenehmen klimatischen Bedingungen leben können. Als Folge unseres täglichen Handelns nimmt jedoch die Treibhausgas-Menge in der Atmosphäre unverhältnismäßig zu. Dadurch staut sich zu viel Wärme auf der Erde und beschleunigt so die globale Erwärmung des Planeten.[17]

Zum Glück kann dir auch das Wasser im Mund zusammenlaufen, ohne auf der anderen Erdhälfte für Überflutungen zu sorgen. Rund 64 Prozent der Treibhausgase aus der Landwirtschaft könnten zum Beispiel vermieden werden, wenn sich jeder rein pflanzlich ernähren würde.[18] Du kannst den Treibhausgas-Ausstoß deiner Mahlzeiten reduzieren, indem du deinen Konsum von Fleischprodukten und anderen tierischen Lebensmitteln sukzessive reduzierst und ihre nachhaltigen und leckeren Alternativen entdeckst.

Vergleichbarkeit der Klimawirkung*

Im Kapitel »Lebensmittel« (siehe S. 66) und am Ende dieses Buches, unter »Hilfreiches« (siehe S. 213), stellen wir dir die Klimawirkung einzelner Lebensmittel genau vor. Da CO_2, Lachgas oder Methan unterschiedlich stark zur globalen Erwärmung beitragen, nutzen wir dabei sogenannte CO_2-Äquivalente, die Klimawirkungen von Lebensmitteln und Mahlzeiten zusammenfassen.

* Im Folgenden sind Hinweisboxen immer braun markiert.

Abholzung der Wälder

- Jede Minute werden etwa 42 fußballfeldgroße Flächen einzigartigen Regenwalds abgeholzt.[19]
- 88 Prozent der Abholzung des Amazonas-Regenwalds gehen auf die Kappe der Tierindustrie.[20] Mehr als 80 Prozent des nach Deutschland importierten, flächenintensiven Sojaschrots für Futtermittel stammen aus Südamerika.[21]
- Durch die Umwandlung von Wald und anderen natürlichen Flächen in landwirtschaftliche Nutzfläche werden weltweit jährlich etwa 6 Milliarden Tonnen CO_2-Äquivalente freigesetzt.[22]

Die Regenwälder sind die grüne Lunge der Erde. Doch sie werden nicht nur für Mahagoni-Gartentische abgeholzt und brandgerodet. Im Wesentlichen brennen sie für die flächenintensive Nutzviehhaltung, durch die Schaffung von Weide- und Ackerflächen zum Futtermittelanbau. Denn vor allem Kühe, Schweine oder Hühner werden mit protein- und energiehaltigem Sojaschrot gefüttert, damit sie möglichst schnell wachsen. In Brasilien und Argentinien nimmt der monokulturelle Sojaanbau eine Fläche der Größe von Polen und Ungarn ein.[23] Etwa 80 Prozent der weltweiten Sojaernte werden schließlich zu Tierfutter verarbeitet, 18 Prozent zu Biodiesel und Ölen, und nur 2 Prozent zu Sojamilch, Tofuschnitzeln und anderen Lebensmitteln, die wir Menschen direkt verzehren.[24] Unsere Lust auf Fleisch wirkt damit so aggressiv wie ein Brandbeschleuniger. Um unsere hohe Nachfrage nach tierischen Produkten wie Rindfleisch, Schweinefleisch, Eiern, Käse oder Kuhmilch zu decken, wird ein Drittel der weltweiten Landfläche zur Tierhaltung genutzt.[25] Rund 83 Prozent der globalen Agrarflächen dienen als Weide- oder Anbaufläche für Futtermittel unserer Nutztiere.[26]

Nicht nur Regenwälder müssen als Ackerfläche herhalten, sondern auch multitalentierte Grünlandflächen, wie brach liegende Weiden. Diese Flächen mit überwiegend Gras und krautigen Pflanzen mindern die Gefahr von Hochwasser und Bodenerosion, reinigen das durchsickernde Wasser, bieten Platz zur Erholung für

Mensch und Tier und binden nicht zuletzt jährlich mehrere Millionen Tonnen CO_2.[27] Durch Landnutzungsänderungen werden jedoch jedes Jahr etwa 40 Millionen Tonnen CO_2 freigesetzt.[28]

Die Flächenintensität unserer Ernährungsweise ist also extrem zerstörerisch. Zerstörte Regenwälder und Grünflächen sind aber bei Weitem nicht nur auf Soja zurückzuführen. Gleiches geschieht beispielsweise auch beim Raps- und insbesondere beim Palmöl-Anbau – beides Produkte, die in einem Großteil unserer Produkte stecken. Wir müssen sogar Ackerflächen außerhalb der EU beanspruchen, um unseren überschwänglichen – und zugegeben auch ziemlich egoistischen – Lebensstil aufrechtzuerhalten. Ganze 60 Prozent der Flächen, die für unseren Konsum genutzt werden, liegen auf anderen Kontinenten.[29]

Bei diesen Größenordnungen müssen nicht nur Milliarden von Tieren, sondern auch die einzigartigen und atemberaubenden Regenwälder dran glauben. Die Lage verschlimmert sich mit jedem Baum, der Axt, Motorsäge oder Bagger zum Opfer fällt und jedem Quadratmeter, der zusätzlich für den Ackerbau benötigt wird. Auch im ehemaligen Wurzelwerk versteckt sich im Übrigen jede Menge CO_2, das ebenfalls in die Atmosphäre gelangt, wenn die Böden gerodet und gepflügt werden. Der Weltklimarat IPCC spricht davon, dass die Entwaldung einen Anteil von 17,4 Prozent am Treibhauseffekt hat.[30]

Wenn sich die Abholzung der Regenwälder in diesem rasanten Tempo fortsetzt, geht ihre klimaregulierende Funktion verloren. Dieser Verlust wird ein entscheidender Kipp-Punkt in der globalen Erwärmung sein.

»Zu fällen einen schönen Baum, braucht's eine halbe Stunde kaum. Zu wachsen, bis man ihn bewundert, braucht er, bedenk es, ein Jahrhundert.« *Eugen Roth*

Von der Abholzung der riesigen kohlenstoffspeichernden Regenwälder, den angelegten Monokulturen und der daraus resultierenden Wasserknappheit sind aber auch tausende Tierarten betroffen, die ihre Lebensgrundlagen verlieren und für immer verdrängt werden. Das gilt auch für indigene Völker, die, meist brutal, von ihrem Land vertrieben werden. Hinzu kommt, dass Schädlingsbekämpfungsmittel oder Ausscheidungen von Vieh sowohl den Boden als auch die Gewässer rund um die Soja-Plantagen vergiften. Unsere fleisch- bzw. tierlastige westliche Ernährungsweise ist maßgeblich für diese Probleme verantwortlich. Deshalb ist es ungeheuer wichtig, sie umzukehren. Würden wir die gerodeten Nutzflächen wieder bewalden, könnten diese etwa 460 Milliarden Tonnen Kohlenstoff aus der Atmosphäre speichern.

Zur Einordnung: Das entspricht in etwa den globalen Treibhausgas-Emissionen der vergangenen 50 Jahre.[31]

Wir kommen nicht umhin, zu lernen, Landflächen effektiver zu nutzen und unsere Ernährung ganz bewusst so zu gestalten, dass sie nicht mehr wesentlich zur Abholzung der Regenwälder beiträgt. Du kannst bereits aktiv etwas an diesem Zustand ändern, indem du deinen Fleischkonsum auf wenige Tage in der Woche reduzierst und Bio-Lebensmittel ohne Palmöl-Zusatz bevorzugst.

> Auch für Grillkohle und Palmöl wird übrigens Regenwald abgeholzt. Mehr darüber erfährst du in den beiden Kapiteln »Lebensmittel« (siehe S. 66) und »Kochen« (siehe S. 95).

Ressourcenverbrauch

- Fleisch- und Milchindustrie sowie der Wasserverbrauch für den Futtermittelanbau nehmen zusammen 27 Prozent des globalen Süßwasserverbrauchs ein.[32]
- Um 1 Kilogramm Rindfleisch zu produzieren, werden mehr als 15.000 Liter Wasser[33] und bis zu 25 Kilogramm Getreide benötigt.[34]
- 80 Kilogramm genießbare Lebensmittel, also etwa zwei volle Einkaufswagen, werfen wir Deutschen durchschnittlich pro Jahr in die Mülltonne.[35]

Etwa ein Drittel der weltweit benötigten Ressourcen gehen auf die Rechnung unserer Ernährungsweise: von der Landwirtschaft über die Transporte, Lagerung, Verarbeitung und Verpackung, den Handel bis hin zum Verzehr und zur Entsorgung.[36] Auf dieser Rechnung steht auch die Randbemerkung, dass der »Earth Overshoot Day« jedes Jahr etwas dichter an den Jahresanfang rückt.

Earth Overshoot Day

Übersetzt ist damit der Tag der Erdüberlastung gemeint, also der Tag im Jahr, an dem wir Menschen mehr nachwachsende Ressourcen verbraucht haben, als die Erde im gesamten Jahr reproduzieren kann. Der deutsche Erdüberlastungstag fiel im Jahr 2019 auf den 3. Mai.[37] An diesem Tag hatten wir also bereits alle natürlichen Ressourcen verbraucht, die unserem Land rein rechnerisch für das gesamte Jahr zustehen. Die restliche Zeit bis zum Neujahrsfest leben wir Deutschen dann also auf Pump – auf Kosten der Natur und anderer Länder. Der weltweite Overshoot Day 2019 fiel auf den 29. Juli, fast drei Monate später.[38] Dies unterstreicht einerseits, dass besonders wir Deutschen zu einer der ressourcenverschwenderischsten Gesellschaften der Welt gehören, andererseits jedoch auch das enorme Verbesserungspotenzial.

Die Geschichte eines gewöhnlichen Einweg-Kunststoffmessers verdeutlicht das Dilemma, in das wir uns manövriert haben. Wir pumpen den begrenzten Rohstoff Erdöl aus dem Boden, transportieren ihn zur Raffinerie, verwandeln ihn aufwendig in Kunststoffmesser, die in praktischen 50er-Plastikverpackungen an den Händler gehen, wo sie für kleines Geld gekauft werden und beim nächsten Grillabend genutzt werden. Nach ein paar Schnitten ins saftige Steak gehen sie zu Bruch und landen im hohen Bogen neben Plastiktellern und -bechern im Müll, um schließlich energieaufwendig recycelt zu werden. Ist das nicht verrückt? Wir könnten auch einfach ein wiederverwendbares Edelstahlmesser nehmen und es nach dem Grillen kurz abwaschen. Stattdessen haben wir uns zu einer bequemen und verschwenderischen Gesellschaft entwickelt. Am Ende schneiden wir uns damit ins eigene Fleisch, denn derartige Convenience-Produkte aus verstopften Mülltonnen oder dem vermüllten Meer landen später in Form von Mikroplastik in Thunfisch, Krabben und Austern auf unseren Tellern.

Die Kunststoffindustrie bläst ab der Produktion bis zur Entsorgung ihrer Produkte jährlich so viele Treibhausgase in die Atmosphäre wie 136 Kohlekraftwerke im gleichen Zeitraum.[39] Doch es sind natürlich nicht nur die Verpackungen unserer Lebensmittel. Gerade der steigende Konsum von tierischen Erzeugnissen trägt in extremem Maße zur globalen Erwärmung bei. Die Nutzviehindustrie ist ein unersättliches schwarzes Loch für Ressourcen. So werden die meisten weltweit angebauten Pflanzen dafür benötigt, Milliarden Tiere, wie Kühe oder Schweine, zu mästen, während sie möglichst im Rekordtempo für die Fleischverarbeitung heranwachsen. Nur 4 Prozent der Proteine und 3 Prozent der Kalorien aus den Pflanzen landen später in dem Fleisch[40], das wir essen. Das, was wir investierten und das, was wir dafür erhalten, steht somit in einem extremen Missverhältnis.

Virtuelles Wasser

Ein Beispiel: Bei der Zubereitung von Farfalle-Nudeln kommt es in unserer Küche zu direktem Wasserverbrauch aus dem Wasserhahn. Unser Essen verbraucht aber auch indirekt Wasser. Virtuelles Wasser bezeichnet den indirekten Süßwasserverbrauch, der bei der Herstellung einer Ware eingesetzt wurde. So sind insgesamt etwa 140 Liter Wasser nötig, um eine Tasse Kaffee zu erzeugen. Dieser extreme Wasserverbrauch entsteht durch den Anbau der dafür nötigen Menge Kaffeebohnen.[41]

Um ein einziges Kilogramm Rindfleisch herzustellen, sind unzählige Kilogramm Getreide und Raufutter wie Stroh und Heu notwendig, sowie ein enormer Energieaufwand für Stallungen, Bewirtschaftung der Felder, Kühlung und Lebensmitteltransporte. Die Ineffizienz wird durch den enormen Wasserverbrauch von mehr als 15.000 Litern für die Bewässerung der Felder, die Reinigung von Ställen und das Auffüllen der Kuhtränken gekrönt. Wenn man bedenkt, dass 2,2 Milliarden Menschen auf der Welt keinen Zugang zu sauberem Trinkwasser haben, ist das auch moralisch äußerst bedenklich.[42]

Wasser ist weltweit der entscheidende Produktionsfaktor der Landwirtschaft, sowohl für die Viehzucht als auch für Ackerkulturen. Somit leidet die Agrarindustrie am Ende selbst unter dem massiven Verbrauch – und unter der Verschmutzung und dem Wassermangel als Folgen des Klimawandels. Wie wichtig Wasser ist, realisiert man spätestens dann, wenn es sich zu einem knappen Gut entwickelt hat. So wie Rindfleisch trägt übrigens auch jedes andere Lebensmittel seinen virtuellen Wasserverbrauch mit sich herum, der für eine nachhaltige Ernährung von großer Bedeutung ist. Je weniger Umwege und Produktionsschritte ein Lebensmittel durchläuft, desto ressourcenschonender ist es.

Wasserknappheit

Wasser, das sogenannte Blut der Erde, ist ein knappes, kostbares und lebensnotwendiges Gut. Auch deshalb zählt die globale Wasserknappheit zu den größten Umweltproblemen unserer Zeit. Da 97 Prozent des Wassers auf der Erde salziges Meerwasser und etwa weitere 2 Prozent des Wassers zu Eis gefroren sind, bleibt uns lediglich 1 Prozent aus weltweiten Süßwasservorräten. Wir nutzen es als Trinkwasser, zur Bewässerung von Feldern oder für die Verarbeitung von Lebensmitteln.[43] In Deutschland verbrauchen wir pro Kopf etwa 120 Liter Wasser direkt im Haushalt und etwa 5.200 Liter indirekt – einen Großteil davon für unsere Lebensmittel.[44] Insbesondere der virtuelle Wasserverbrauch hat einen ökologischen und ethischen Effekt, da er Regionen austrocknen, Existenzen zerstören und Kriege auslösen kann.

Aus privaten deutschen Haushalten landen jährlich etwa 7 Millionen Tonnen Lebensmittel in der Mülltonne. Dieser Umstand zeigt, dass wir den massiven, ressourcenintensiven Aufwand dahinter nicht einmal zu schätzen wissen. Die entsprechende Anbaufläche für diese Lebensmittel würde etwa die Größe Mecklenburg-Vorpommerns einnehmen.[45]

Wir gehen mit unseren Lebensmitteln um, als würden sie immer und zu jeder Zeit verfügbar im Supermarktregal liegen. Die Ressourcenverschwendung unserer Ernährung gipfelt in dieser Respektlosigkeit. Es ist respektlos gegenüber hungernden Menschen, gegenüber der Natur und letztlich auch gegenüber uns selbst.

Durch unsere tägliche Ernährung haben wir also direkten Einfluss auf den Verbrauch und die Verschwendung natürlicher Ressourcen wie Erdöl, Wasser und Energie – und natürlich auch auf die erzeugten Lebensmittel selbst. Der extreme direkte und indirekte Ressourcenverbrauch unserer Mahlzeiten macht ein Umdenken unausweichlich.

Um deine eigene Ernährungsweise langsam zu optimieren, kannst du zum Beispiel versuchen, ein paar Tage in der Woche mit frischen pflanzlichen Lebensmitteln selbst zu kochen. Gleichzeitig vermeidest du verarbeitete und mit tierischen Zutaten versehene Gerichte. Energie lässt sich unter anderem schon sparen, indem du den Backofen ausschaltest, kurz bevor du deine Lasagne herausholst und stattdessen die Restwärme nutzt.

Private Wasserquellen großer Konzerne

Das Geschäft mit der Privatisierung von Trinkwasserquellen ist lukrativ. Großkonzerne, wie ein bekannter Lebensmittelriese, kaufen Wasserquellen für wenige hundert Euro auf und verdienen anschließend Milliarden daran. Im kleinen französischen Ort Vittel gehen die Menschen bereits auf die Barrikaden, da das massive Wasserabpumpen für eine akute Wasserknappheit sorgt.

Welthunger

- Mehr als 800 Millionen Menschen auf der Welt hungern – und etwa 2 Milliarden leiden an Mangelernährung.[46]
- Jedes Jahr landen in Deutschland 356 Millionen Kilogramm Fleisch im Müll. 45 Millionen Hühner, 4 Millionen Schweine und 200.000 Rinder sterben umsonst.[47]
- Um eine tierische Kalorie zu erzeugen, werden durchschnittlich 7 pflanzliche Kalorien verbraucht.[48]

Natürlich ist die Ressourceneffizienz[49] unserer Lebensmittel auch ein Schlüssel gegen den Welthunger, denn alle 10 Sekunden stirbt ein Kind unter 5 Jahren an Unterernährung. Wir genießen den Luxus, etwa dreimal am Tag entscheiden zu können, was wir essen – während andere verzweifelt hoffen, dass sie essen. Wir genießen zu viel Luxus: Jedes Jahr landen etwa 1,3 Milliarden Tonnen Lebensmittel in den Mülltonnen dieser Welt, obwohl gleichzeitig weltweit etwa 815 Millionen Menschen hungern.[50] Wir haben ein Lebensmittel-Verteilungsproblem in unserer globalen Gesellschaft, das ganz entscheidend dazu beiträgt, dass Menschen auf der Erde hungern müssen und in einen Teufelskreis der Armut geraten. Mit 1 Hektar Land könnten 30 Menschen pflanzlich, aber nur 6 bis 8 Menschen mit tierischen Lebensmitteln ernährt werden.[51] Die Essgewohnheiten der Reichen bedeuten also in vielen Fällen den Tod der Armen.

Insbesondere der hohe und weiter steigende Konsum tierischer Erzeugnisse in Deutschland und anderen Industrieländern ist hierfür verantwortlich. In der EU werden so große Mengen an Fleisch und Milchprodukten produziert und konsumiert, dass die benötigten Futtermittel zum großen Teil, wie bereits beschrieben, importiert werden müssen – auch aus Regionen, in denen Menschen Hunger leiden.[52] Wenn wir die Pflanzen einfach selbst essen würden, anstatt sie an Milliarden von Nutztieren zu verfüttern, die wir unter anderem für unser Geschmacksvergnügen züchten, könnten wir spielend leicht alle Menschen auf der Erde ernähren, sodass niemand mehr hungern müsste.

Auch der massive Wasserverbrauch für die Fleischproduktion sowie die extremen Treibhausgas-Emissionen durch die intensive Landwirtschaft würden drastisch sinken – und schließlich den menschengemachten Klimawandel reduzieren. Doch solange wir die Umstellung auf eine weitgehend pflanzliche Ernährung nicht schaffen und weiterhin auf Kosten der Dritten Welt leben, können wir das größte Umweltproblem unserer Zeit nicht lösen. Dann werden auch weiterhin Naturkatastrophen, Stürme, Dürren und Überflutungen stetig zunehmen und in großem Stil Ernteerträge und ganze Existenzen der Menschen zerstören – Menschen, die auf jeden Tropfen Wasser und jeden Taler in der Tasche angewiesen sind. Niemand darf sich dann wundern, wenn das Elend an den eigenen Landesgrenzen anklopft.

Nachhaltige Ernährung und der Respekt gegenüber Mensch und Lebewesen gehen für uns deshalb immer Hand in Hand. Je mehr wir die Herkunft und die Auswirkungen unserer Ernährung kennen, hinterfragen und respektieren, desto realistischer wird das Ziel der UN, den Welthunger bis zum Jahr 2030 zu eliminieren.[53] Um einen Stein ins Rollen zu bringen, solltest du dich im Supermarkt beispielsweise ganz gezielt nach deinem Einkaufszettel richten, um keine überflüssigen Lebensmittel in deinen Jutebeutel zu legen, die am Ende im Müll landen.

Umweltverschmutzung

- Allein bei der Herstellung von 400 Gramm Schweinefleisch entstehen 10 Liter Gülle, die eine massive Belastung für Boden, Grundwasser und biologische Vielfalt darstellen. Auf 1 Liter Kuhmilch kommen etwa 3 Liter Gülle.[54]
- Jährlich gelangen rund 10 Millionen Tonnen Plastikmüll ins Meer – ein wesentlicher Teil davon geht auf unsere Lebensmittel zurück.[55]
- Die Landwirtschaft ist für etwa 95 Prozent der Ammoniak-Emissionen in Deutschland verantwortlich.[56]

Ob Hunde, Pferde, Schildkröten oder Krebse – sie alle hinterlassen lediglich ein paar Fußabdrücke im Sand. Der menschliche Fußabdruck in der Natur kommt durch Transportabgase, Abwasser aus Fischmehl- oder Fleischindustrien, Plastikverpackungen sowie Schiffsunglücke und Ölbohranlagen. Wir holzen nicht nur die Regenwälder ab, sondern verpesten auch noch Böden, Gewässer und die Luft durch unser Verhalten. Wäre die Erde ein Club, hätte uns der Türsteher vermutlich schon längst in hohem Bogen rausgeschmissen. Doch da es keinen Türsteher gibt, können wir erst einmal »weiterfeiern«. Wohlwissend, dass der DJ irgendwann die »Rausschmeißermusik« spielt.

Lass uns einfach mal einen Blick darauf werfen, inwiefern wir uns falsch verhalten. Zunächst ist da die auf Profit ausgerichtete, intensive Landwirtschaft. Durch ihren Einsatz von Landmaschinen, Düngemittel oder Pestiziden verwandelt sie lebendige Naturgebiete in eintönige, lebensleere Landschaften. Wesentlich beeinträchtigt wird dadurch vor allem der Boden. Ohne ihn würde es kein Leben auf der Erde geben – dennoch treten wir ihn mit Füßen. Wenn tonnenschwere Traktoren über die Äcker donnern, kommt es beispielsweise zu Bodenverdichtungen, die Wasser- und Winderosionen begünstigen und am Ende für unfruchtbaren Boden sorgen. Dabei ist fruchtbarer Boden eine endliche Ressource, die genau deshalb auch unendlich kostbar ist. Je mehr Fruchtbarkeit der Boden einbüßt, desto größer ist die Gefahr für unsere Lebensmittelsicherheit. In der Landwirtschaft ist es vor allem die intensive

Stickstoffdüngung, die die Speicherkapazität von Böden ausschöpft und so auch die Luft und das Grundwasser, inklusive Seen, Gewässer und Meer, mit Nitraten und anderen Schadstoffen belastet.

»Die Nation, die ihren Boden zerstört, zerstört sich selbst.«
Franklin D. Roosevelt

Ein Viertel des Grundwassers in Deutschland überschreitet bereits heute den gesetzlich festgelegten Grenzwert für Nitrat.[57] Doch damit nicht genug: Die im Überfluss verfügbaren und eingesetzten Düngemittel, wie Rinder- und Schweinegülle, enthalten viel Nitrat. Verkauft werden sie oft in dicht besiedelten Metropolregionen, um dann hunderte Kilometer weiter auf Ackerland verwendet zu werden. Zusätzlich werden Insektenvernichtungs- und Pflanzenschutzmittel mit Wirkstoffen wie dem berüchtigten Glyphosat eingesetzt, die die Artenvielfalt dezimieren und die Ökosysteme zusätzlich mit Schwermetallen, Ammoniak, Medikamentenresten und weiteren Schadstoffen belasten.[58]

Ammoniak in Böden und Gewässern ist ganz besonders gefährlich. Das Gas kann sich in zahlreiche andere umwelt- und klimawirksame Stickstoffverbindungen umwandeln und damit massiven Einfluss auf die Wasser- und Luftqualität nehmen sowie auf die Verschärfung des Klimawandelns.[59] Rund 75 Prozent der weltweiten Landfläche sind bereits heute durch Erosion, Versalzung, Übernutzung und Austrocknung degradiert.[60] Bis zum Jahr 2050 wird sich das Ackerland halbieren, das jedem einzelnen Menschen zur Verfügung steht.[61]

Entgegen der Überschrift dieses Buchabschnitts können wir dabei kaum noch von einer Verschmutzung reden. Da wir sprichwörtlich den Boden unter den Füßen verlieren, trifft es der Begriff der »Zerstörung« besser.

> Auch Fabriken mit Aquakulturen zur Fischzucht leiten ihre Abwässer oft in das Wasser der benachbarten Küstengebiete ab. Mehr dazu erfährst du unter dem Punkt »Massentierhaltung« (siehe S. 34).

Das ist dagegen Verschmutzung: Die etwa 10 Millionen Tonnen Plastikmüll, die allein jedes Jahr ins Meer gelangen. Dafür, dass so ziemlich jeder behaupten würde, das Meer zu lieben, behandeln wir es unglaublich schlecht. Ein Großteil des Meeresmülls ist auf unsere Ernährung zurückzuführen. Wer schon einmal bei einer Strandsäuberungsaktion dabei war, kennt den Anblick von Plastikbesteck, Einweg-Strohhalmen sowie unzähligen Getränkeflaschen und To-go-Verpackungen nur zu gut. Leider wird der Müll nicht weniger, denn Plastik ist nicht biologisch abbaubar: Eine Plastikflasche beispielsweise zersetzt sich erst nach 450 Jahren im Meer zu Mikroplastik.[62] Außerdem produzieren wir Menschen ständig mehr Plastik und haben immer noch nicht gelernt, richtig mit dem Material umzugehen. Doch bewusste Müllvermeidung ist auch für das globale Klima von großer Bedeutung. Nicht nur die Herstellung und das Recycling von Kunststoffen stößt CO_2 aus, ihr Vorkommen mindert auch die Fähigkeit der Ozeane, mit den ausgestoßenen Treibhausgasen fertigzuwerden.[63] Dabei brauchen wir diese Fähigkeit aufgrund unserer westlichen, fleischlastigen Ernährungsweise mehr denn je.

Du kannst die Umweltverschmutzung durch deine Mahlzeiten reduzieren, indem du bewusst zu biologischen und möglichst unverpackten Lebensmitteln umschwenkst. Kaufe im Supermarkt lose Äpfel, Möhren oder Champignons, die du einfach in wiederverwendbaren Stoffbeuteln wiegst und nach Hause transportierst.

Artensterben

- Allein in Deutschland wurden 2015 rund 48.000 Tonnen Ackergift auf die Felder und Wiesen ausgebracht. Weltweit sollten über 3 Millionen Tonnen davon Tiere, Pflanzen und Pilze töten.[64]
- 30 Millionen Hektar Land nimmt die EU außerhalb ihrer Grenzen in Anspruch. Die Intensivierung der Landwirtschaft verdrängt also weltweit Lebensräume von Pflanzen und Tieren und bedroht die Artenvielfalt.[65]
- Jedes Jahr kostet unser Plastikmüll in der Umwelt 135.000 Meeressäugern und 1 Million Meeresvögeln das Leben.[66]

Für unsere Ernährungsgewohnheiten verwandeln wir Regenwälder und den Großteil unserer Landflächen in monotone Äcker. Wir vergiften sowohl Böden, Gewässer als auch die Luft und nehmen Tieren und Pflanzen Lebensraum und Nahrungsquellen. Damit verschulden wir den weltweiten Rückgang der Artenvielfalt von Tieren und Pflanzen. Heute sterben Arten bis zu 1.000-mal schneller, als es im natürlichen Rahmen der Fall wäre.[67] Mittlerweile ist jede achte Tier- und Pflanzenart vom Aussterben bedroht.[68] Gegenseitige Abhängigkeiten lösen Kettenreaktionen aus und sind der Grund für das rasant wachsende Artensterben. Um einen Überblick zu bekommen, können wir sagen: Zuerst trifft es die Kleinstlebewesen im Boden, dann Insekten, dann die Pflanzen, dann die Vögel, Fische, Amphibien und Säugetiere – und schließlich uns selbst. Aber der Reihe nach.

Milliarden von Pflanzen, Tieren, Pilzen und Mikroorganismen reinigen Wasser und Luft und sorgen für fruchtbare Böden. Sie halten den Laden am Laufen und legen den Grundstein für den Anbau gesunder Pflanzen. Doch diese Basis bröckelt zunehmend durch intensive, konventionelle Bewirtschaftungsmethoden mit schweren Maschinen, Stickstoffdünger, Nitraten und Pflanzenschutzmitteln.

»Wenn die Biene einmal von der Erde verschwindet, hat der Mensch nur noch vier Jahre zu leben. Keine Bienen mehr, keine Bestäubung mehr, keine Pflanzen mehr, keine Tiere mehr, keine Menschen mehr.« Albert Einstein

Der Rückgang der Bienen ist wohl das prominenteste Beispiel für das Artensterben. Neben dem Pestizideinsatz auf unseren monotonen Feldern ist die Biene vor allem von den Temperaturveränderungen bedroht, die die globale Erwärmung mit sich bringt. Ein ungewohnt milder Winter lässt sie zu früh wieder auf Nahrungssuche ausfliegen, bevor es überhaupt etwas zu sammeln gibt. Das kostet sie die entscheidende Kraft und kann ganze Völker verhungern lassen. Die Biene wird also vom Klimawandel beeinflusst – aber sie beeinflusst auch das Klima. Sie bestäubt nämlich 80 Prozent der blühenden, kohlenstoffspeichernden Pflanzen unserer Erde und sichert damit das Überleben von Bäumen, Blumen, Gräsern und schließlich auch von uns Menschen. Die Biene liefert bei Weitem nicht nur Honig – rund ein Drittel der Nahrungsmittel, die wir uns regelmäßig gönnen, würde es ohne Insekten wie sie gar nicht geben. Äpfel, Nüsse, Brokkoli, Kürbisse, Kiwis, Kirschen, Erdbeeren und Gurken wären plötzlich rar gesät.[69]

500 Milliarden Euro – das sind die jährlich erzeugten Lebensmittel wert, die mithilfe der Biene produziert werden können.[70] Wenn du noch mehr über die Hintergründe des Bienensterbens wissen willst, empfehlen wir dir die im Jahr 2012 erschienene Dokumentation *More Than Honey*.

Mit den Insekten verschwindet auch die Nahrungsgrundlage vieler Vögel. Hinzu kommt, dass die intensive Landwirtschaft schützendes Gestrüpp sowie Hecken, Blühstreifen und Feldpflanzen gegen Ackerland austauscht, um maximalen Profit zu erzielen. Leider ist das nicht langfristig gedacht, da dieses Verhalten nicht nur Bodenerosionen provoziert, sondern auch unzähligen Vogelarten Nahrung und Unterschlupf nimmt. So ist das Gezwitscher der feldnahen Vögel, wie Braunkehlchen, Feldlerchen und Wiesenpieper, kaum noch zu hören. Auch Pflanzen wie die Kornrade oder den Sand-Mohn trifft es.[71] Die Landwirtschaft war früher einmal ein Förderer der Vielfalt von Tieren und Pflanzen – dieser Tage spielt sie leider die Rolle des Bösen.

Die Folgen unserer Ernährung für die Artenvielfalt treffen aber nicht nur die Ackerflächen und ihre Umgebung. Sie betreffen direkt und indirekt alle Lebewesen entlang der Nahrungskette – überall auf der Welt. Ein echter Schlag ist vor allem die bereits angesprochene Abholzung der tropischen Regenwälder, in denen etwa 90 Prozent aller bekannten Tier- und Pflanzenarten heimisch sind.[72] So ist beispielsweise der Orang-Utan vom Aussterben bedroht, da sein Lebensraum neuen Ackerflächen für den Futtermittelanbau und insbesondere monotonen Palmöl-Plantagen weichen muss. Das beliebte Speiseöl ist Zusatzstoff unzähliger Tütensuppen, Brotaufstriche, Schokoladentafeln und Fertiggerichte. In vergleichbarer Form bringt die intensive Fischerei das gesamte Ökosystem der Meere durcheinander. Zum einen, weil mehr als 90 Prozent der Fischbestände bereits maximal befischt oder überfischt werden – zum anderen, weil jedes Jahr etwa 300.000 Wale, Delfine und andere Meerestiere ungewollt als Beifang in den Fischernetzen ertrinken.[73] Für 1 Kilogramm Garnelen werden beispielsweise durchschnittlich etwa 9 Kilogramm andere Meerestiere mitgefangen und tot oder schwer verletzt ins Meer zurückgeworfen.[74] Viele Tierarten leiden aber nicht nur unter unserer Vorliebe für Fisch und Garnelen, sondern auch unter dem Plastikmüll durch Getränkeflaschen, Saftpäckchen, Strohhalme und To-go-Verpackungen. Die rote Liste der bedrohten Arten ist unendlich lang und reicht bis zum Eisbären in der Arktis, dem die Nahrung ausbleibt und dem die Eisschollen infolge der globalen Erwärmung davonschmelzen.

Ob Abholzung, Plastikmüll, Wasser- oder Nahrungsmittelknappheit – wie wir es drehen und wenden, am Ende wurzelt auch das Artensterben in unseren täglichen Ernährungsentscheidungen. Alle Lebewesen dieses Planeten sind in direkter oder indirekter Form voneinander abhängig. Auch dieser Problematik wirkst du zum Beispiel effektiv entgegen, indem du auf biologische Lebensmittel aus ökologischer Landwirtschaft setzt. Diese kommen in der Regel ohne Pestizideinsatz und Kunstdünger aus.

Überfischung der Meere

Überfischung tritt ein, wenn die Bestände von Fischen und anderen Meerestieren in den Weltmeeren durch den Fischfang übermäßig zurückgehen. Die hohe Nachfrage nach Fisch, die Fangmethoden mit zerstörerischen Schleppnetzen, der Plastikmüll in den Meeren und der Klimawandel haben dazu beigetragen, dass bereits heute 60 Prozent aller Fischbestände als maximal befischt und 33 Prozent als überfischt gelten. Nur bei 7 Prozent aller Fischbestände ließe sich die Fangmenge theoretisch noch steigern.[75] Wir kippen nicht nur zu viel ins Meer rein, wir holen auch viel zu viel heraus.

Massentierhaltung

- Die Massentierhaltung ist für 51 Prozent der globalen Treibhausgas-Emissionen verantwortlich.[76]
- Ein Viertel der eisfreien Landfläche der Erde wird für die Viehwirtschaft genutzt.[77]
- Jeden Tag werden weltweit etwa 200 Millionen Nutztiere getötet. Das sind 74 Milliarden Tiere im Jahr.[78] Zum Vergleich: Auf der Erde leben weniger als 8 Milliarden Menschen.

Wenn Kühe oder Schafe rülpsen und furzen, entsteht Methan. Das Problem sind aber nicht die Tiere selbst oder ihre »schlechten Manieren«. Es ist die Menge der Nutztiere, die wir landwirtschaftlich halten. 23 Milliarden Hühner, 1,5 Milliarden Rinder, 1 Milliarde Schweine sowie 1 Milliarde Schafe, um genau zu sein.[79] Fassen wir nochmal ein paar Fakten aus den letzten Kapiteln zusammen: Die Landwirtschaft sorgt durch die Nutzviehhaltung dafür, dass neben Methan auch Unmengen an CO_2 und Lachgas in die Atmosphäre gelangen. Dazu kommen die Massen an Gülle, mit denen unsere Felder überdüngt werden und der enorme Flächenverbrauch für den Futtermittelanbau sowie die ressourcenintensiven Transporte, Landmaschinen, Bewässerungen und viele weitere Bereiche der »modernen« Tierhaltung.

> ***»Die Größe und den moralischen Fortschritt einer Nation kann man daran messen, wie sie ihre Tiere behandelt.«*** *Mahatma Gandhi*

Wir halten Nutztiere, um den weltweit steigenden Wunsch nach ihren Eiern, ihrer Milch und ihrem Fleisch zu decken. Sie zu essen, ist Teil unserer Ernährungsgewohnheiten und Traditionen. Es ist auch ein gesellschaftlicher Luxus. Durchschnittlich verzehrt jeder Deutsche etwa 60 Kilogramm Fleisch[80] im Jahr, von denen ganze 98 Prozent aus der Massentierhaltung stammen.[81] Zusätzlich konsumiert der durchschnittliche Deutsche jährlich etwa 235 Eier[82] und 52 Liter Kuhmilch.[83] Egal ob als saftiges Schweinesteak, das »My« an Milch im Kaffee oder das eingebundene Eigelb in der Mandeltorte – am Ende tragen tierische Erzeugnisse immer im großen Stil zum Klimawandel bei. Die Nutztiere benötigen jede Menge Futter, dessen Anbau nicht nur die Abholzung der Regenwälder wesentlich vorantreibt, sondern auch die Luft, die wir atmen, verpestet und die Böden, die unsere Nahrungsgrundlage stellen, zerstört. Wir sprechen von Futter, das wir theoretisch selbst essen könnten.

Inwiefern sich die Massentierhaltung auch auf unsere eigene Gesundheit auswirkt, erfährst du im Kapitel »Gesundheit« (siehe S. 37).

Neben ökologischen und gesundheitlichen Aspekten dürfen wir aber die der ethischen Vertretbarkeit nicht außer Acht lassen. »Ich liebe Tiere«, aber »ich esse Fleisch« – passen solche Gedankengänge überhaupt zusammen? Jede neue Information, die wir über die Hintergründe der Massentierhaltung erfahren, sollte uns alle mehr daran zweifeln lassen und uns ins Gewissen rufen, dass alle Tiere – ob Kuh, Hund, Schlange oder Katze – fühlende und emotionale Lebewesen sind. Schon ein Blick auf die Leistung von Hennen und Kühen genügt, um zu verstehen, dass wir sie eher als Wirtschaftsgut betrachten: Während ein Huhn im Jahr 1950 noch 120 Eier im Jahr legte, sind es heute 300 Eier.[84] Milchkühe pressten Mitte des 20. Jahrhunderts noch 2.349 Liter pro Jahr aus ihren Eutern – heute sind es mit 8.059 Litern deutlich mehr als das Dreifache.[85] Das sind immer noch die gleichen Tiere, nur zu Hochleistungen herangezüchtet. Lassen Lege- bzw. Milchleistung nach, werden sie nach durchschnittlich 1–2 bzw. 4,5 Jahren geschlachtet.[86] Ist das der Lauf des Lebens? Könnte man meinen, doch da die eigentliche Lebenserwartung von Legehennen etwa 5 Jahre und von Milchkühen etwa 25 Jahre beträgt[87], ist diese Abfertigung alles andere als natürlich. Ob 1950 oder 2020 – Kühe geben nicht einfach von sich aus Milch. Genauso wie Schafe und Ziegen tun sie es nur, wenn sie Nachwuchs erwarten. Deshalb werden sie dauerhaft künstlich geschwängert. Spätestens 48 Stunden nach der Geburt werden sie unter großem Aufschrei von ihren Kälbern getrennt. Doch genau für sie ist ihre Muttermilch eigentlich bestimmt. Auch Hühner würden in freier Wildbahn nur 1 Ei im Monat legen – nämlich dann, wenn sie menstruieren. Durch neue Futterrezepturen und Zuchtmethoden wird jedoch dafür gesorgt, dass Hochleistungs-Hennen nicht nur 12, sondern gleich 300 Eier im Jahr legen, um die extreme Nachfrage danach bedienen zu können.[88]

Damit diese Leistungen in einem Massentierhaltungsbetrieb von mehreren tausend Tieren gleichzeitig eingefordert werden können, sind enge Käfige und Buchten unausweichlich. Tageslicht gibt es fast nie. Ringelschwänzchen und Schnäbel werden gekürzt, Hörner und Zähne abgeschliffen, sodass sich die Tiere nicht gegenseitig verletzen. Die rasante Gewichtszunahme, zum Beispiel in der Hühnermast, lässt die Beine der Tiere unter ihrem unnatürlich hohen Gewicht zusammenbrechen. Männliche Küken haben nicht einmal die Chance, es »so weit zu bringen« – denn sie werden unmittelbar nach ihrer Geburt aussortiert und anschließend vergast oder geschreddert. Dieser Umgang ist übertrieben grausam.

Es leidet nicht nur die Umwelt unter intensiver Landwirtschaft und Massentierhaltung, auch das physische und seelische Leid, das Tiere über sich ergehen lassen müssen, ist betroffen. Da wir auch ohne tierische Produkte überleben können, ist dieses Elend absolut unnötig. Die Art, wie wir mit Tieren umgehen, lässt unsere Enkelkinder und alle zukünftigen Generationen mit Abscheu auf uns blicken. Gleichzeitig ist dieser falsche Umgang aber auch ein wichtiger Motivator, um die positive Veränderung selbst Tag für Tag zu beschleunigen. Im Alltag kannst du beispielsweise damit beginnen, einfach mal Mandel- statt Kuhmilchkäse zu kaufen oder knackige Soja-Würstchen anstelle der Rinderbratwurst zu grillen.

Auch Fische leben in Massentierhaltung: Viele Menschen glauben, dass Fische in Aquakultur der Überfischung der Meere entgegenwirken. Doch das Gegenteil ist der Fall, da die Zuchtfische mit Fischmehl gefüttert werden, welches vor allem in südamerikanischen Ländern aus der fünffachen Menge anderer Fische hergestellt wird. Die Produktion von 1 Kilogramm Zuchtfisch benötigt meist mehrere Kilogramm Wildfisch.[89] Ziemlich absurd, oder? Zudem werden Abwässer aus Fischmehl-Fabriken in die Küstenregionen geleitet, wodurch der Sauerstoffgehalt der Gewässer abnimmt und die Biodiversität der jeweiligen Unterwasserwelt verloren geht.[90] Aufgrund der hohen Futterkosten in der Fischzucht werden billigste Tötungsmethoden, wie das sogenannte »Live Chilling« angewandt, bei der Fische an der Luft oder auf Eis innerhalb von 1–2 Stunden langsam ersticken.[91]

Gesundheit

- 50 Prozent der Antibiotika in Deutschland werden für Nutztiere eingesetzt. In den USA sind es sogar 70 Prozent.[92]
- In Deutschland stammen rund 40 Prozent der Kalorien, die wir täglich zu uns nehmen, aus tierischen Lebensmitteln.[93]
- Über 80 Prozent von konventionell angebautem Obst und Gemüse weisen Pestizidrückstände über dem Orientierungswert von 0,01 Milligramm pro Kilogramm auf.[94]

Das Coronavirus zeigt mit seinen drastischen Maßnahmen, welchen Wert die Erhaltung der Gesundheit hat. Umso merkwürdiger ist es, wie unsere westliche Welt mit dem einzigen Planeten umgeht, den wir haben und den wir unser Zuhause nennen. Die Erde beeinflusst maßgeblich unser Wohlergehen. Trotzdem füllen wir genmanipuliertes Futter und Antibiotika in die Tröge der Nutztiere, die wir essen. Wir vergiften die Felder, auf denen die Pflanzen wachsen, die wir essen. Wir verseuchen die Gewässer, aus denen wir trinken und in denen die Fische schwimmen, die wir essen. Wir verpesten sogar die Luft, die wir atmen. Es ist schlicht absurd, zu glauben, dass diese intensive Art der Lebensmittelerzeugung folgenlos für unsere Gesundheit bleiben könnte. Der Spruch »Wir sägen an dem Ast, auf dem wir sitzen« hat aufgrund dieser Doppelbelastung wohl selten besser gepasst.

In direkter Form schaden wir unserer Gesundheit durch den Verzehr von Fertiggerichten, die nicht besonders nährstoffreich, sondern meist überzuckert sind. Sie enthalten Unmengen an Konservierungs- und Zusatzstoffen und sind sogar durch die Produktverpackungen mit Mikroplastik belastet.[95] Besonders tierische Erzeugnisse wie Fleisch, Eier oder Milch sind gesundheitlich bedenklich. Zum einen, weil 70 Prozent der Futtermittel von Nutztieren wie Kühen, Schweinen oder Hühnern gentechnisch manipuliert sind.[96] Zum anderen, weil der Großteil der konventionell erzeugten Lebensmittel mit Pestiziden, Medikamentenresten und anderen Folgen der intensiven Landwirtschaft belastet ist. Auch wenn Fleisch Eiweiß, Vitamine und große

Eisenmengen enthält, zählen vor allem »moderne« Zivilisationskrankheiten wie ein erhöhter Cholesterinspiegel, Krebs, Gicht, Osteoporose, Herz-Kreislauf-Erkrankungen und Fettleibigkeit zu den häufigen Folgen eines unkontrollierten Fleischgenusses.[97]

Hast du gewusst, dass Eier mit 417 Milligramm pro 100 Gramm zu den cholesterinhaltigsten Lebensmitteln der Welt gehören? Auch Butter kann mit 280 Milligramm pro 100 Gramm in diesem Wettkampf mithalten. Wurst und Fleisch kommen auf etwa 70–100 Milligramm. Gesundheitlich unbedenklich sind laut der Deutschen Herzstiftung maximal 250–300 Milligramm pro Tag. Wer diese Werte übersteigt, riskiert einen erhöhten Cholesterinspiegel im Blut, der unter anderem zu den gefährlichsten Risikofaktoren für Herzerkrankungen zählt.[98]

In der industriellen Tierhaltung in Deutschland werden jedes Jahr etwa 735 Tonnen Antibiotika verfüttert. Es verwundert deshalb nicht, dass bei einer Untersuchung im bayerischen Handel in jeder zweiten Rindfleischprobe Medikamentenreste gefunden wurden.[99] Durch diese Rückstände entwickeln sich resistente Keime in den Nutztieren – und schließlich auch in uns, da wir ihr Fleisch essen.[100] Unsere Körper bilden dadurch schrittweise Antibiotika-Resistenzen: Gefährliche Bakterien werden unempfindlich gegenüber Medikamenten und erschweren selbst gewöhnliche Antibiotika-Behandlungen, die sogar lebensbedrohlich werden können.[101]

Durch die Corona-Pandemie fühlt sich der eine oder andere vielleicht auch an die BSE-Krise im Jahr 2000 erinnert, die ihren Ursprung in der Tiermehl-Fütterung an Nutzvieh hatte[102] und zur Bevorzugung von Sojaschrot als Hauptfuttermittel führte. Die Auswirkungen dieser Entscheidung können wir heute unter anderem anhand der schwindenden, brennenden Regenwälder beobachten. Brände, die nur durch einen Verzicht auf Fleisch und nicht durch Wasser zu stoppen sind. Gesundheitlich extrem bedenklich ist auch die Luftverschmutzung, die mit der Produktion und den Transporten von Lebensmitteln einhergeht. So stammen zum Beispiel die Ammoniak-Emissionen in Deutschland fast gänzlich aus den Exkrementen von Nutztieren. Ammoniak nimmt den eng zusammengepferchten Tieren die Luft zum Atmen, schädigt ihre Lungen und hat auch für unsere Gesundheit schwerwiegende Folgen.[103] Wenn es zum Beispiel als Gülle ausgebracht wird, trägt es zur Bildung von Feinstaub und Treibhausgas bei oder erzeugt sauren Regen.[104]

Wir verschmutzen gleichzeitig die Luft, unsere Landflächen und vor allem das Meer mit Schadstoffen. Auf Plastikverpackungen fühlen sich Viren pudelwohl. So können sie über das Meer an Orte treiben und Krankheiten verbreiten, die es dort nie zuvor gegeben hat.[105] Aus gesundheitlicher Sicht sollte uns aber auch die Zersetzung größerer Kunststoffteile zu Mikroplastik beunruhigen. Mikroplastik wird von Meerestieren wie Krebsen, Fischen oder Muscheln gefressen und kann auch auf diesem Weg in unsere Lebensmittel gelangen. Die Schadstoffe gehen in die tiereigenen Körperzellen über und landen zeitnah in unserem Thunfischsalat oder der Muschelsuppe. Welche Folgen Plastik in der Nahrungskette für unsere Gesundheit hat, ist noch weitgehend unerforscht.[106] Klar ist nur, dass es bereits bei Meerestieren zu Entzündungen, physiologischen Störungen und höheren Sterberaten geführt hat.[107]

Insbesondere die globale Erwärmung stellt alle Menschen auf der Welt gesundheitlich vor extreme Herausforderungen. Es wäre naiv zu glauben, dass wir als einziges Lebewesen in einer kranken Umwelt gesund bleiben. Ein guter Start in eine gesunde und gleichzeitig klimafreundliche Ernährung sind natürlich angebaute Bio-Produkte auf pflanzlicher Basis.

Klischees abfrühstücken

»Ein paar Grad mehr oder weniger machen keinen Unterschied.«

Bitte verwechsle das Klima nicht mit dem Wetter. Das Klima bezeichnet die Statistik des Wetters über einen langen Zeitraum, während das Wetter den Zustand der Atmosphäre zu einem exakten Zeitpunkt beschreibt. Klima ist das Wetter über längere Zeit – das Gegenteil der Klischee-Aussage ist also der Fall: Jedes Zehntelgrad zählt. Im Jahr 2016 lag die mittlere globale Oberflächentemperatur der Erde um rund 0,94 Grad Celsius höher als der Durchschnittswert des 20. Jahrhunderts. Wird die 1,5-Grad-Grenze erreicht, sterben zum Beispiel 70 Prozent aller Korallenriffe des Planeten. Knacken wir die 2-Grad-Grenze, sind sie sogar zu 99 Prozent verschwunden.[108] Zudem sind Millionenstädte wie Tokio, New York oder Mumbai durch den Anstieg des Meeresspiegels bedroht.

»Die Wissenschaft ist sich uneinig, ob der Klimawandel menschengemacht ist.«

Es stimmt, dass es in den Millionen Jahren der Erdgeschichte immer wieder einmal Eis- und Warmzeiten als Reaktion auf unterschiedliche, nicht menschengemachte Umwelteinflüsse gab. Doch mehr als 97 Prozent aller Klimaforscher (mehr als 23.000 Wissenschaftlicher und etwa 12.000 Klimastudien) sind sich sicher, dass der heutige Klimawandel menschengemacht ist.[109] Die Wissenschaft ist sich also nicht uneinig, sondern ziemlich einig! Seit der Industrialisierung sind die Temperaturen in kurzer Zeit extrem angestiegen – die derzeitige globale Erwärmung läuft zehnmal schneller ab als zu früheren Warmzeiten.[110] Selbstverständlich gibt es auch einen natürlichen Treibhauseffekt, der unseren Planeten überhaupt erst bewohnbar macht. Doch durch die Emissionen aus der Massentierhaltung, aus der Abholzung von Wäldern und aus dem zunehmenden Verkehr gelangen deutlich mehr Treibhausgase in die Atmosphäre, als auf natürliche Weise existieren würden.

»Ich allein kann sowieso nichts ändern.«

Wenn alle 7,7 Milliarden Menschen so denken würden, bliebe alles auf unserer Erde wie bisher. Nichts würde sich verbessern. Wie der britische Polarforscher Robert Swan einst sagte: »Die größte Gefahr für unseren Planeten ist der Glaube, dass jemand anderes ihn retten wird.« Bewirke lieber das Gegenteil und inspiriere auch andere zu einer umweltfreundlicheren und bewussteren Ernährung. Jeder Mensch sollte immer davon ausgehen, dass er etwas ändern kann. Die Menschen, die daran glauben, werden erfolgreich sein und andere mitreißen. Wenn es sich dabei um ein Problem handelt, das viele Menschen betrifft, wirst du nicht allein bleiben und einen Stein ins Rollen bringen. Das ist bei einer pflanzlichen Ernährung definitiv der Fall. Wenn du Kuhmilch kaufst, stimmst du dafür ab, dass du auch in Zukunft gerne Kuhmilch konsumieren möchtest – und Kuhmilch bleibt lukrativ. Mit dem Kauf einer Hafermilch erhöhst du hingegen die Nachfrage nach klima- und umweltfreundlichen, tierleidfreien, pflanzlichen Alternativen und trägst dazu bei, das Angebot zu verändern. Deine Entscheidung für eine nachhaltige Ernährungsweise triffst du vielleicht allein – doch du bist nicht der Einzige, der sich dafür entscheidet.

»Tiere und Pflanzen werden sich rechtzeitig an den Klimawandel anpassen.«

Es stimmt, dass Tiere und Pflanzen in der Lage sind, sich auf Veränderungen in ihrer Umwelt einzustellen. Die Natur war schon immer ein flexibles System. Und durch

Anpassung an veränderte Umweltbedingungen und natürliche Auslese entstehen neue Arten. Doch es gibt Grenzen der Anpassungsfähigkeit. Zahlreiche Fälle der Erdgeschichte belegen den Zusammenhang zwischen plötzlichem Artensterben von Tieren und Pflanzen und den Klimaveränderungen. Die globale Erwärmung schreitet mit so rasanter Geschwindigkeit voran, dass sich Arten gar nicht so schnell anpassen können. Beispielsweise verschieben sich die optimalen Lebensräume infolge der Erwärmung schneller polwärts, als viele Tiere oder Pflanzen wandern können.[111] Da wir den Klimawandel in diesem Tempo verursachen, sind wir auch die Einzigen, die den Tieren und Pflanzen Zeit für die Anpassung verschaffen können.

»Wir Deutschen sind doch Recycling-Weltmeister, deshalb müssen wir auch nicht den Verpackungsmüll unserer Lebensmitteleinkäufe vermeiden.«

Deutschland ist weder Welt- noch Europameister im Recyceln. Es ist wichtig zu wissen, wann genau die Recyclingquote erhoben wird – nämlich direkt nach der Abfallsortierung. So können unkontrollierte Müllexporte und Verluste während des Recyclingprozesses gar nicht berücksichtigt werden. Hinzu kommt, dass selbst der Plastikmüll als recycelt gilt, den wir ins Ausland exportieren. Im Jahr 2015 wurden zum Beispiel 13,65 Prozent[112] in Länder wie Malaysia, China oder Indien verschifft. Ob der Müll dort wirklich recycelt wird, ist schwer zu kontrollieren. Klar ist nur, dass diese Länder selbst ein großes Müllproblem haben und wir unseren eigenen Müll lieber selbst entsorgen sollten. Oder bringst du deinen Müll auch zum Nachbarn nebenan?

> ***»Wir können den Wind nicht ändern, aber die Segel anders setzen.«***
> *Aristoteles*

Die 6 Grundprinzipien der Klimaküche

Wir wissen jetzt: Unsere Ernährung spielt eine ganz entscheidende Rolle für den Schutz dieses Planeten. Des einzigen Planeten, der uns zur Verfügung steht. Ab diesem Zeitpunkt dieses Buches kann wirklich niemand mehr behaupten, von all dem Übel nichts gewusst zu haben. Das klingt hart, aber soll dir natürlich keine Angst machen. Dieses Wissen dient als gute Basis und mitreißender Motivator für deinen persönlichen, stetigen Weg zu einer klima- und umweltfreundlichen Ernährung. Das, was wir essen und trinken, verursacht zwar Probleme, kann aber auch genauso gut Lösungen schaffen. Ziemlich leichte und leckere Lösungen, wenn wir ehrlich sind. Denn auch der Geschmack und die einfache Umsetzung sind neben den gesundheitlichen, sozialen, ethischen und ökologischen Aspekten ziemlich gute Gründe dafür, die eigenen Mahlzeiten bewusster zu gestalten. Das Schöne an der klimafreundlichen Ernährung ist, dass sie umweltschonende Aspekte mit Gesundheit, Tierschutz und Sozialverträglichkeit in Einklang bringt. Respekt ist vielleicht ein passender Begriff, um all das unter einen Hut zu bekommen – Respekt gegenüber deinem Körper, anderen Lebewesen, den Menschen am anderen Ende der Welt und natürlich gegenüber unserem Planeten. Diese Werte sollten wir nicht für ein paar wenige Minuten gewohnten Genuss über Bord werfen. Doch alles mit der Zeit. Wichtig ist am Ende, dass du zu einer nachhaltigen Ernährungsweise tendierst und so schrittweise Routinen im Alltag integrierst, die für andere ein gutes Vorbild sind.

Du bist, was du isst. Mal nachhaltig, mal weniger nachhaltig. Am Ende des Tages geht es auch darum, den Markt nachhaltig zu verändern, um industriell gefertigtem und mit Zucker durchsetztem Fertigfraß abzuschwören. Denn wenn ungesunde, umweltbelastende Produkte nicht mehr gekauft werden, schaffen auch rein profitorientierte Hersteller gesündere Alternativen.

Um gemeinsam den nächsten Schritt zu gehen, stellen wir dir jetzt die wertvollsten Grundgedanken des kulinarischen Klimaschutzes vor. Du wirst diese nach und nach verinnerlichen und kannst damit genau die gewünschte Veränderung des Angebots bewirken. Eine gesunde Mischung aus all diesen Prinzipien ist dabei der Schlüssel für eine wirklich klimafreundliche Küche.

Veränderung ist Kopfsache

Immerhin 67 Prozent der Deutschen halten den Klimawandel laut Meinungsumfragen für die größte Bedrohung – die Terrorgruppe Islamischer Staat bekam vergleichsweise 62 Prozent der Stimmen.[113] Doch obwohl sie damit einen entscheidenden Impact für ihre eigene Sicherheit erzielen könnten, ernähren sich nur etwa 12 Prozent der Deutschen vegan oder vegetarisch.[114]

Manchmal verhalten wir uns aus Bequemlichkeit, Tradition oder Gewohnheit anders, als es unsere Worte vermuten lassen. Im eigenen Umfeld fühlen wir uns sicher und gut aufgehoben. Doch wer sich oder einen Missstand ändern will, muss auch mal das Ungewöhnliche und Neue herausfordern. Dabei solltest du deinen eigenen Weg gehen – in dem Tempo, das du für richtig hältst. Sorge dich nicht darüber, dass es schwierig werden könnte oder dass du vielleicht deinen Wohlstand reduzieren musst. Schließlich ist es kein wünschenswerter Wohlstand, wenn er auf den Existenzen anderer Lebewesen beruht. Rufe dir immer wieder die Folgen einer unbewussten, umweltbelastenden Ernährung ins Gedächtnis: Klimawandel, Tierquälerei, Bodenzerstörung, Luftverschmutzung, Antibiotika-Resistenzen, Wasserknappheit ... das liefert dir dauerhaft genügend Motivation, um etwas daran zu ändern. Dabei kommt es nicht darauf an, alles durchgehend perfekt umzusetzen. Jeder noch so kleine Schritt zählt mit.

Regional

Unverarbeitet

Biologisch

Bewusst

Saisonal

Pflanzlich

Regional

Auf den ersten Blick ist der Apfel aus Neuseeland nicht vom deutschen Apfel zu unterscheiden. Doch was sie unterscheidet, ist ihre Geschichte. Während der eine knapp 2.000 Kilometer im Flugzeug verbrachte, wächst der andere behutsam in Deutschland auf. Dadurch liegt der Treibhausgas-Ausstoß eines Flugapfels aus Neuseeland bei etwa 5.130 Gramm CO_2 pro Kilogramm. Sein deutsches Pendant aus saisonalem Anbau stößt hier für ein ganzes Kilogramm lediglich 790 Gramm CO_2 aus.[115] Der optische Vergleich mag also unscheinbar sein – doch der krasse Unterschied in der Klimabilanz verdeutlicht, dass globales Denken und lokales Handeln in der nachhaltigen Küche eine extrem wichtige Rolle spielen. In den allermeisten Fällen gilt, kurz gesagt: Je näher die Lebensmittel erzeugt werden, desto besser! Besser fürs Klima, für unsere Gesundheit, für die Wirtschaft vor Ort und natürlich auch für die Menschen auf der anderen Seite der Erde, die ihre Lebensmittel selbst genießen können.

In einer klimafreundlichen Küche setzt man vermehrt auf heimische Erzeugnisse, wie Heidelbeeren, Walnüsse, Hirse oder Hafer. Exotisches, wie Acaibeeren, Chiasamen oder Avocados werden in Maßen genossen und nicht verschwenderisch eingesetzt. Tatsächlich könnten wir ganze 22 Prozent der Treibhausgas-Emissionen einsparen, wenn nur noch die Lebensmittel importiert werden, die aufgrund der Klimabedingungen in Deutschland nicht wachsen können, zum Beispiel Bananen oder exotische Teesorten wie der südafrikanische Rooibostee.[116]

Neben den geringeren Emissionen trumpfen regionale Kartoffeln, Äpfel oder Birnen auch mit ihrer natürlichen Hülle auf, da sie ganz ohne Plastikfolie auskommen. So sparen sie nicht nur Transportstrecke, sondern auch jede Menge Müll ein.

CO_2-Ausstoß für 1 Kilogramm Lebensmittel pro 1.000 Kilometer Transportweg[117]:

- Flugzeug: 1.000 CO_2 in Gramm pro Kilogramm Lebensmittel
- Lkw: 200 CO_2 in Gramm pro Kilogramm Lebensmittel
- Bahn: 80 CO_2 in Gramm pro Kilogramm Lebensmittel
- Containerschiff: 35 CO_2 in Gramm pro Kilogramm Lebensmittel

Bei der Betrachtung der CO_2-Äquivalente werden andere Umwelteinflüsse nicht mit einbezogen. Diese sind aber gerade bei der Schifffahrt gravierend. Die meisten Containerschiffe werden mit Schweröl betrieben und stoßen neben Treibhausgasen große Mengen hochkonzentrierter, umweltschädlicher und hochgiftiger Gase aus, wie zum Beispiel Schwefeloxide und Ruß.

Fast 52.000 Tonnen Nahrungsmittel werden jährlich nach Deutschland eingeflogen[118]:

- Fisch: 17.286 Tonnen
- Gemüse: 12.841 Tonnen
- Obst: 10.619 Tonnen
- Fleisch: 5.674 Tonnen
- sonstige Lebensmittel: 5.430 Tonnen

So oft kommen Lebensmittel mit dem Flugzeug aus Übersee[119]:

- Hummer: 100 %
- frische Bohnen: 94 %
- Papaya: 92 %
- Spargel: 77 %
- Avocado: 71 %
- Kopfsalat: 45 %
- Erdbeeren: 21 %
- Rindfleisch: 7 %
- Tafeltrauben: 2,3 %

Eine gute Anlaufstelle für regionale, unverpackte Lebensmittel sind beispielsweise Biomärkte oder die traditionellen Wochenmärkte in deiner Stadt. Dort verkaufen viele Bauern aus der Umgebung ihre produzierten Lebensmittel. Auch in vielen Supermärkten wird Regionalität immer größer geschrieben.

Im Kapitel »Einkaufen« (siehe S. 81) erhältst du viele weitere Tipps rund um die umweltfreundliche Beschaffung deiner Lebensmittel.

Doch es ist Vorsicht geboten, denn der Begriff »regional« ist nicht rechtlich geschützt und kann sehr breit verwendet werden. Die Zeitschrift Ökotest untersuchte 106 als »regional« deklarierte Lebensmittel: Nur ein Viertel davon ließ sich als »lupenrein regional« auszeichnen. Achte deshalb lieber auf konkrete Angaben zur Region, wie »Uckermark« oder »Rheinland«, statt auf ausweichende Floskeln. Selbst was »lupenrein regional« ist, muss am Ende nicht automatisch klimafreundlich sein. 1 Kilogramm Rindfleisch aus der Region gehört nach wie vor zu den größten Klimakillern (siehe S. 68).

CO_2-Ausstoß pro Kilogramm – regional und global[120,121]		
Lebensmittel	**CO_2 in Gramm pro Kilogramm (Lkw, Deutschland)**	**CO_2 in Gramm pro Kilogramm (Flug, jew. Ausland)**
Spargel	60	1.700 (Chile)
Äpfel	790	5.130 (Neuseeland)
Trauben	190	7.400 (Chile)
Bohnen	113	5.841 (Kenia)
Erdbeeren	370	18.000 (Südafrika)

Deutsche Nordseekrabben aus Marokko: Nordseekrabben sind ein gutes Beispiel dafür, dass man sich in puncto Regionalität nicht auf den Produktnamen verlassen sollte. Zwar werden die Krabben an der Nordseeküste gefangen – allerdings legen sie oft einen weiten Lkw- und Seeweg nach Marokko zurück, um dort billig gepult und dann wieder zurück nach Deutschland geschickt zu werden. Nachdem sie 6.000 Kilometer auf internationalen Straßen und Gewässern zurückgelegt haben, liegen sie endlich zum Verkauf bereit.[122]

Saisonal

Regional ist gut, aber regional und saisonal ist besser! Nicht immer gehen die beiden Hand in Hand. Versuche aber bewusst, beides unter einen Hut zu bekommen und dich für Lebensmittel zu entscheiden, die bei den naturgegebenen und jahreszeitlichen Bedingungen deines Standorts wachsen können. Heimische Pflanzen sind aber nicht automatisch saisonal – und zur Jahreszeit passende Lebensmittel nicht automatisch regional. Es gibt einiges zu beachten. »Freiland statt Gewächshaus« ist zum Beispiel ein guter Merksatz. Denn zwischen Lebensmitteln, die in einem beheizten und energieintensiven Treibhaus angebaut werden und solchen, die draußen an der frischen Luft wachsen, liegen immense Unterschiede in den Treibhausgas-Emissionen. Durchschnittlich soll sich der CO_2-äquivalente Ausstoß in Gewächshäusern sogar um das Zehnfache erhöhen.[123] So lecker Spargel auch schmeckt, lohnt es sich in Bezug auf die CO_2-Bilanz ganz besonders, bis zu seiner Saison Anfang April zu warten. Außerhalb der Saison wird er nämlich aus Ländern wie Chile eingeflogen, sodass für 1 Kilogramm Spargel ganze 1.700 Gramm CO_2 ausgestoßen werden. In der Saison sind es nur 60 Gramm. Und da er nicht energie- und damit auch nicht kostenintensiv produziert werden muss, zahlst du am Ende sogar weniger für die langen Stangen. Außerhalb der Saison zahlst nicht nur du, sondern auch das Klima einen höheren Preis. Durch die Globalisierung gibt es heutzutage kaum noch ein Lebensmittel, das nicht mehr ganzjährig im Supermarktregal zur Verfügung steht. Und wenn doch mal etwas fehlt, stehen wir wild mit den Händen fuchtelnd davor und stammeln »Das ist doch nicht normal«. Dabei vergessen wir, dass es eigentlich normal und natürlich ist, dass Lebensmittel ihre Saison haben und gerade nicht dauerhaft erhältlich sind. Es kann sicher nicht schaden, sich das bewusst zu machen – vor allem als Vorbildfunktion für unsere Kinder.

Regionales Gemüse aus saisonalem Freilandanbau ist eine sehr nachhaltige Kombination, für die du dich in Zukunft immer bewusster entscheiden solltest. Sag Ja zu günstigeren und leckeren Lebensmitteln, zu den Kleinbauern aus deiner Region und zum Klimaschutz.

Am Ende dieses Buches haben wir dir unter »Hilfreiches« (siehe S. 213) einen ausführlichen Saisonkalender für Obst- und Gemüsesorten zusammengestellt, damit du jederzeit weißt, welche Lebensmittel gerade Saison haben.

Wenn du Sommergemüse und -obst auch gerne im Januar oder Februar auf nachhaltige Art und Weise genießen willst, dann kannst du saisonale Lebensmittel wie Spargel oder Blumenkohl auch einfrieren oder fermentieren. Im Kapitel »Aufbewahrung« *(siehe S. 92)* *erfährst du noch mehr darüber.*

CO_2 pro Kilogramm saisonale Ernte – Treibhaus und Freiland[124, 125]

Lebensmittel	CO_2 in Gramm pro Kilogramm (Treibhaus)	CO_2 in Gramm pro Kilogramm (Freiland)
Bohnen	6.360	220
Lauch	5.430	190
Kopfsalat	4.450	140
Sellerie	3.660	190
Gurken	2.300	170

Biologisch

Um die Auswirkungen auf unsere Umwelt möglichst gering zu halten, solltest du auf ehrlich und faire biologische Lebensmittel achten. Diese erkennst du an EU-weit geschützten Bezeichnungen wie »Bio«, »Öko« und »aus kontrolliert biologischem Anbau«. Das sind Begriffe, mit denen Hersteller kein plumpes Greenwashing betreiben können.

Warum müssen biologische Lebensmittel überhaupt extra gekennzeichnet werden, wo sie doch eigentlich die »normalen« Produkte sein sollten? Wäre es nicht sinnvoller und ehrlicher, Hinweise auf unnatürlich hergestellten Lebensmitteln auszuweisen, um fair gegenüber Verbrauchern zu sein und Hersteller zu gesünderen Angeboten zu motivieren? Statt Bio-Tomaten aus Deutschland würden dann Label wie »chemisch behandelte Tomaten aus Spanien« auf Produktverpackungen für Klarheit sorgen. Die positive Lenkwirkung für die Ernährungsgewohnheiten in unserer Gesellschaft wäre vermutlich gigantisch. Vorerst werden wir uns aber damit abfinden müssen, dass »Bio« als »unnormal« gilt und umweltfreundliche, natürlich produzierte Ware mit entsprechenden Siegeln ausgestattet wird.

Greenwashing

Unternehmen zielen dabei durch gezielte Marketing-Maßnahmen darauf ab, sich nachhaltiger und umweltfreundlicher darzustellen, als sie tatsächlich sind. Sie erhoffen sich dadurch ein »grüneres Image« bei Verbrauchern, ohne tatsächlich Maßnahmen im Sinne der Nachhaltigkeit und des Umweltschutzes umzusetzen.

Um entsprechende Siegel zu bekommen, betreiben die Hersteller ökologische Landwirtschaft, die natürlich auch nicht frei von Auswirkungen auf die Umwelt ist. Trotzdem ist sie weitaus weniger belastet als die Intensivlandwirtschaft mit durchgedrücktem Gaspedal. Letztere steht für Monokulturen, Bodenverdichtung und -erosion, die Belastung von Böden und Grundwasser mit Nitraten, Pestiziden und Medikamentenresten, die Zerstörung von Lebensräumen von Tieren und das damit einhergehende Artensterben. Im Gegensatz dazu fördern die Mischkulturen und die Bevorzugung natürlicher Anbaumethoden, wie Fruchtwechsel oder Biodüngemittel, den Bodenschutz und die Artenvielfalt. Beides ist insbesondere für die Landwirtschaft selbst von entscheidender Bedeutung, denn mit der Biene würden auch 80 Prozent der Erträge insektenbestäubter Pflanzen verloren gehen.[126] Ein Fakt, der verdeutlicht, dass die intensive Bewirtschaftung keine zukunftsfähige Form der Landwirtschaft ist. Hinzu kommt, dass Pflanzen Kohlenstoff binden und Sauerstoff produzieren. Sie tragen ganz entscheidend dazu bei, dass wir überhaupt auf diesem Planeten überleben können. Die ökologische Landwirtschaft ist nicht nur tier-, sondern auch klimafreundlicher, da die hohen Treibhausgas-Emissionen der intensiven Landwirtschaft vor allem auf die Produktion und den Einsatz von Dünge-, Pflanzenschutz- und Insektenvernichtungsmitteln zurückzuführen sind.

Unter den ständigen Temperaturveränderungen infolge des Klimawandels leiden vor allem die Bienen, da sie noch anfälliger für Krankheiten werden. Auch für uns Menschen hat die Bevorzugung biologisch produzierter Lebensmittel entscheidende gesundheitliche Vorteile: zum einen, da biologische Lebensmittel bis zu 200-mal weniger mit Pestiziden belastet sind, zum anderen, weil keine Schadstoffe ins Grundwasser sickern.[127]

Bevor wir sie jetzt in den Himmel loben, sollten wir daran denken, dass Bioprodukte nicht zwangsläufig besser für unsere Umwelt sind. Auch wenn Ökolandwirte das Klima in direkter Form weniger belasten, trägt der größere Flächenbedarf zu höheren indirekten Treibhausgas-Emissionen bei. Denn die höhere Nachfrage trägt dazu bei, dass vermehrt Bio-Produkte aus dem Ausland importiert und energieaufwendig transportiert werden müssen. Biologische Lebensmittel sind also nicht über jeden Zweifel erhaben – besonders im Hinblick auf die Tierhaltung, die selbst die meisten Emissionen erzeugt.[128] Trotzdem ist die ökologische Form der Landwirtschaft ein zukunftsfähiger, weil umweltschonenderer Schritt.

Pflanzlich

Die Tierindustrie bringt durch die Haltung von Nutztieren unzählige Probleme mit sich: Überdüngung, Entwaldung, Transporte, Tierquälerei, Insektensterben, Bodenversauerung, Wasser- und Luftverschmutzung. Es ist deshalb nicht weit hergeholt, auf den »Umweg Tier« und damit auf tierische Lebensmittel wie Fleisch, Milch, Käse, Eier und Fisch zu verzichten. Wissenschaftler an der University of Oxford haben zudem herausgefunden, dass ein Umstieg auf rein pflanzliche Mahlzeiten den CO_2-Abdruck deiner Ernährungsweise, je nach Ausgangslage, um ganze 73 Prozent reduzieren kann.[129]

8 Prozent der CO_2-Emissionen unserer Ernährung sind in Deutschland auf pflanzliche Lebensmittel zurückzuführen. Rund 44 Prozent werden für tierische Lebensmittel ausgestoßen.[130]

Verzicht auf Gewohntes klingt leider erstmal semicool, schon klar. Doch mach dir keine Sorgen, denn auch pflanzliche Lebensmittel wie Käse auf Mandelbasis oder Soja-Bratwürstchen sind tierisch lecker. Oder wie klingt ein veganer Chicken- oder Beef-Style-Burger mit einem Soja-Weizen-Patty in einem Gourmetbrötchen? Ziemlich lecker, oder? Nach und nach ersetzt du Fleisch, Wurst, Fisch, Eier sowie Milchprodukte durch Hülsenfrüchte sowie Nüsse und Samen. Sei offen für Neues.

Nicht zuletzt die Vielfalt der pflanzlichen Rezepte aus diesem Buch werden dich Schritt für Schritt in die vegane Küche einführen. Niemand muss von heute auf Morgen vom Fleischliebhaber zum Vollblutveganer werden. Doch für eine nachhaltige Ernährungsweise solltest du dem Fleisch aufgrund seines Ursprungs die Wertschätzung zukommen lassen, die es verdient – und sinnbildlich zum Sonntagsbraten zurückkehren, den früher unsere Eltern und Großeltern einmal wöchentlich zelebrierten. Wichtig zu verinnerlichen ist auch, dass selbst die vegetarische Ernährungsweise immer noch dazu führt, dass Sojaschrot für milchgebende Kühe und eierlegende Hühner angebaut und dafür Regenwälder abgeholzt werden muss. Der Treibhausgas-Ausstoß der Tierindustrie bleibt auch deshalb extrem hoch, weil der Energieaufwand für die Haltung und die Transporte der Nutztiere nicht abnimmt. Butter ist zwar vegetarisch, zählt aber dennoch zu den größten Klimakillern unter den Lebensmitteln. Dazu kommt das physische und seelische Leid der Tiere, das ihnen in der Massentierhaltung zugefügt wird. Seien wir ehrlich: Wenn Tiere Bücher schreiben könnten, würden sie uns vermutlich als völkermordende Wahnsinnige darstellen, die über dieses Leid nur müde schmunzeln können.

Durchschnittlicher Treibhausgas-Ausstoß unterschiedlicher Ernährungsweisen[131]:

- Fleischesser: 1.950 Kilogramm CO_2 pro Jahr
- Flexitarier: 1.480 Kilogramm CO_2 pro Jahr
- Vegetarier: 1.160 Kilogramm CO_2 pro Jahr
- Veganer: 940 Kilogramm CO_2 pro Jahr

Es gibt kaum eine politisch wirksamere Tat, die so viele Umweltprobleme auf einen Streich löst, wie die rein pflanzliche Ernährungsweise. Dabei handelt es sich korrekterweise noch nicht einmal um eine Tat, denn hierbei verzichtest du ja nur auf einige Gewohnheiten. Gleichzeitig bereicherst du dein Essverhalten um viele neue, natürliche Lebensmittel und Gerichte, die deine Gesundheit fördern und unsere Umwelt schonen. Für einen weichen Übergang kannst du mit zwei fleischfreien Tagen in der Woche anfangen und dich schrittweise steigern. Achte dabei darauf, dass »vegan« nicht automatisch »gesund« bedeutet. Das Hinterfragen von Lebensmitteln gehört deshalb auch in der pflanzlichen Küche zum Standard.

Am Ende dieses Buches findest du einen motivierenden Vergleich der Umwelteinwirkungen von pflanzlichen Milchalternativen im Vergleich zu Kuhmilch (siehe S. 221) sowie eine inspirierende Übersicht mit den 14 besten Zutaten, um Eier beim Kochen und Backen zu ersetzen (siehe S. 221).

Aus eigener Erfahrung können wir dir sicher sagen, dass dir die Umstellung deutlich leichter fallen wird, wenn du immer wieder neue, alternative, pflanzliche Lebensmittel ausprobierst und dich durch Dokumentationen, Bücher oder Blogbeiträge tiefer mit dem Thema »Veganismus« auseinandersetzt. Wir glauben, dass schon die Beantwortung einer einzigen Frage dafür sorgen kann, den Umweltproblemen noch entschlossener entgegenzuwirken, die aus unseren derzeitigen Ernährungsgewohnheiten resultieren. »Sind meine Gewohnheiten und der kurze, aber wohltuende Geschmack eines Rinderfilets mir wirklich wichtiger als das Leben eines Tieres?«. Es mag hart klingen, doch letztendlich wird ein Lebewesen in der Massentierhaltung nur deshalb mit Antibiotika vollgestopft, verstümmelt, seiner Kinder beraubt und getötet, damit du eines seiner Körperteile für ein paar Minuten genießen kannst.

Fleischkonsum in Deutschland: 60 Kilogramm Fleisch verzehrt jeder Deutsche durchschnittlich im Jahr.[132] Das sind etwa 1.100 Tiere im gesamten Leben.[133]

Diese Qual hat für uns nichts mehr mit der natürlichen Nahrungskette zu tun. Wir könnten Kühe, Schweine oder Hühner niemals selbst töten, deshalb essen wir sie nicht. Doch solange wir Menschen denken, dass Tiere nicht fühlen, müssen Tiere fühlen, dass wir Menschen nicht denken.[134] So traurig das auch alles klingen mag, gibt es dennoch berechtigten Grund zur Hoffnung: Rund 8 Millionen Menschen in Deutschland leben bereits vegetarisch und rund 2,8 Millionen ernähren sich vegan. Jeden Tag kommen laut Schätzungen etwa 2.000 Vegetarier und Veganer dazu.[135]

Der besondere Motivationsschub

Ein persönliches Aha-Erlebnis hatten wir beide beim Sehen der Dokumentationen *Dominion* und *Cowspiracy*. Zum einen, weil sie die bedenklichen Zustände in der Massentierhaltung aufdecken und zum anderen verdeutlichen sie den Zusammenhang zwischen unseren Essgewohnheiten und den Umweltproblemen unserer Zeit. Auch die Dokumentation *What The Health* können wir dir empfehlen, da sie aufdeckt, inwiefern unsere Ernährungsgewohnheiten gesteuert werden und in klassischen Zivilisationskrankheiten resultieren, wie Bluthochdruck, Übergewicht, Diabetes oder Krebs. Falls du dich für Veganismus im Leistungssport interessierst, bist du mit *The Game Changers* an der richtigen Adresse. Dokus und Filme sind einprägsam, aber schnell vorüber. Um am Ball zu bleiben, empfehlen wir dir engagierte und mitreißende YouTuber, wie *Earthling Ed*, *Niko Rittenau* oder Gordon und Aljosha von *Vegan ist Ungesund*. Es war wirklich nie einfacher umzusteigen als heute.

Unverarbeitet

In einer umweltfreundlichen Küche sollten selbstverständlich auch möglichst viele frische Lebensmittel gewaschen, geschnitten und gekocht werden. »Aber Fertiggerichte sind doch so schön bequem!« Schon klar, das können wir aus eigener Erfahrung bestätigen. Während des Studiums stapelten sich die TK-Pizzen in unserem Tiefkühlfach. Doch heute wissen wir, dass verarbeitete Lebensmittel einen deutlich höheren Produktionsaufwand und damit auch einen umso klimawirksameren Treibhausgas-Ausstoß mit sich bringen. Um genau zu sein: Er ist durchschnittlich dreimal so hoch! Hinzu kommen die Zusatzstoffe wie Geschmacksverstärker, die nicht nur unsere Umwelt, sondern auch unsere Gesundheit belasten.

Etwa 19 Prozent des CO_2-Ausstoßes für unsere Ernährung fallen auf die Verarbeitung, Verpackung und den Transport von Lebensmitteln.

Schnappen wir uns doch mal eine dieser steinharten Pizzen aus dem Tiefkühlfach und finden heraus, was sie neben Praktikabilität und Bequemlichkeit sonst noch auszeichnet. Die Klimawirkung der Herstellung einer Pizza zu Hause oder in der durchgetakteten Fabrik unterscheidet sich kaum. Ob selbst gemacht oder aus der Tiefkühltruhe – für beide Pizzen werden etwa bis zu 2 Kilogramm CO_2-Äquivalente gebraucht. Hinzu kommt noch der Verpackungsmüll der Fertigpizza. Und bei genauer Betrachtung der Produktschachtel sehen wir zwar, welche Zutaten verwendet werden, wir sehen aber nicht, woher sie kommen und inwiefern sich ihre industrielle Produktion auf Umwelt und Gesundheit auswirkt. Tatsächlich stecken in jeder der in Deutschland jährlich fast 800 Millionen verkauften Tiefkühlpizzen bis zu 12.000 Transportkilometer. Und auch wenn manche Pizzen mit Bio-Zutaten bespickt sind, stammt die Mehrzahl der Tomaten, Pilze und Salamischeiben aus konventioneller Landwirtschaft mit Massentierhaltung, Antibiotika- und Pestizideinsatz sowie Monokulturen.[136]

Jede Pizza erzählt also ihre eigene Geschichte. Wäre es nicht cool, wenn sie ein schönes Ende für alle nehmen würde? Bei einer selbst gemachten Pizza können wir zum Glück selbst bestimmen, wie sie zu Ende geht: indem wir dafür sorgen, dass die Zutaten im Sinne einer gesunden und umweltbewussten Ernährung entstanden sind. Noch umweltfreundlicher ist dann nur noch die Rohkost. Möhren und Paprika mit einem Kräuterdip sind zum Beispiel richtig lecker und gesund, sie müssen nur geschnitten und nicht einmal gekocht werden. Bei frischen Zutaten lässt sich einfach besser nachvollziehen, wo sie herkommen und was in ihnen steckt.

Unterm Strich sparst du bei unverarbeiteten Lebensmitteln gegenüber verarbeiteten wirklich Massen an Verpackungsmüll, Energie und entscheidest dich für eine gesunde Alternative. Unserer Meinung nach schmecken sie auch noch besser. In einer nachhaltigen Küche solltest du deshalb vermehrt selbst den Kochlöffel schwingen und neue Rezepte ausprobieren.

Und wenn du schon kochst, dann kannst du auch gleich etwas mehr davon zaubern, um es dir am nächsten Tag mit zur Arbeit zu nehmen und den nächsten müllintensiven To-go-Mittagssnack einzusparen. Lasse doch auch mal Freunde oder Nachbarn probieren, um das Interesse für nachhaltige Ernährung mit »Geschmacksproben« zu fördern.

Tiefkühlpommes sind ziemliche Klimakiller: Für jedes Kilogramm Pommes aus der Tiefkühltruhe entstehen etwa 5,7 Kilogramm CO_2-Äquivalente. Das liegt selbstverständlich nicht an der Kartoffel, sondern vor allem an ihrer energieverbrauchenden Weiterverarbeitung: Sie wird getrocknet, frittiert, transportiert, tiefgekühlt und in der Küche erneut frittiert. Trockenpulver für Kartoffelbrei kann mit 3,8 Kilogramm CO_2-Äquivalenten in diesem Punkt leider auch nicht glänzen.[137] Bereite dir deine Pommes aus frischen und regionalen Kartoffeln lieber selbst zu oder koche direkt Salzkartoffeln mit frischer Petersilie. Selbst wenn sie aus konventionellem Anbau stammen, sparen diese im Vergleich zu den Tiefkühlpommes fast das 30-Fache an Treibhausgasen ein.[138]

Im Kapitel »Kochen« (siehe S. 95) erfährst du unter anderem, wie du den Energie- und Wasserverbrauch deiner Kochkünste deutlich reduzieren kannst.

Bewusst

Wer Gleichgültigkeit fördert, vernichtet Nachhaltigkeit. Deshalb ist es so wichtig, Dinge zu hinterfragen und nicht alles als selbstverständlich zu betrachten. Nur weil man etwas tut, wie man es schon immer getan hat, heißt das nicht, dass es gut ist. Nur weil etwas Arbeitsplätze schafft, heißt das nicht, dass es sich um eine gute Sache handelt. Nur weil eine bekannte Fast-Food-Kette ihr Logo plötzlich grün gestaltet, heißt das nicht, dass sie nachhaltig vorgeht. Nur weil die Produktverpackung eine Kuh auf einer grünen Wiese ziert, heißt das nicht, dass Tiere in der Produktion ein gutes Leben haben. Und so weiter. Wer jeden Tag umweltfreundlicher kochen will, muss deshalb etwas genauer hinsehen, vorausschauen und mitdenken – und sich der Folgen des eigenen Handelns bewusst sein. Achte zum Beispiel darauf, dass für deine Mahlzeiten keine Tiere leiden müssen. Dass dein Obst und Gemüse möglichst unter geringem Wasserverbrauch im Freiland und nicht im energieintensiven Gewächshaus produziert wurde. Bevorzuge kurze Transportwege und saisonale Verfügbarkeit und achte ganz bewusst auf Müllvermeidung, bevor deine Lebensmittel den Weg in deinen Einkaufswagen finden. Um dir den Verpackungsmüll für einen To-go-Snack in der nächsten Mittagspause zu sparen, kannst du zum Beispiel am Vorabend etwas mehr kochen. Ab in die Lunchbox damit und fertig!

Qualität spielt ebenfalls eine große Rolle: Esse weniger, aber dafür besser! Sowohl deine Gesundheit als auch alle landwirtschaftlichen Ökobetriebe werden es dir danken. Qualität hat ihren Preis, das ist klar. Doch langfristig sparst du dir durch diese Art zu leben eine ganze Stange Geld. Du konsumierst bewusster und kaufst nur Dinge, die du wirklich brauchst.

Unnötig viel Geld kostet auch die Lebensmittelverschwendung, die unbedingt vermieden werden sollte: Sie ist ein sinnbildliches Problem unserer Gesellschaft. Eine durchdachte Einkaufsplanung und die richtige Lagerung sorgen dafür, dass sich Lebensmittel wie Fleisch, Bananen oder Brokkoli möglichst lange halten und, so gut es geht, verwertet werden. Schließlich soll sich der gesamte Aufwand des Herstellungsprozesses am Ende ja auch auszahlen. Damit schon im Supermarkt weniger

Lebensmittel aussortiert werden und in der Tonne landen, kannst du bewusst zu krummen Karotten, deformierten Datteln oder braunen Bananen greifen.

> Keine Sorge, im Kapitel über »Lebensmittel« (siehe S. 66) bekommst du eine ganze Palette an Tipps und Tricks, um dir deine Lebensmittel möglichst umweltfreundlich zu besorgen und aufzubewahren.

Bewusst heißt in Bezug auf Ernährung auch, dass du überzeugt von deiner Einstellung bist und dich nicht von deinem alten Umfeld und alten Gewohnheiten hinreißen lässt. Stattdessen hast du regelmäßig die Chance, auch andere von einer klimafreundlichen Ernährungsweise zu überzeugen. Natürlich solltest du nicht plump jedem aufs Auge drücken, dass du dich jetzt pflanzlich ernährst oder kein Fleisch mehr isst. Doch spätestens am Esstisch, wenn Fragen gestellt werden, kannst du ihnen deinen Standpunkt kurz und knackig erläutern.

Uns allen sollte einfach bewusst sein, dass wir nicht unsere vertrauten Mahlzeiten UND den vertrauten Planeten behalten können. Doch schon durch die kleinsten mutigen Veränderungen im Alltag kann jeder dazu beitragen, dass aus neuen Gerichten im Laufe der Wochen plötzlich vertraute Mahlzeiten werden. Vielleicht fühlt es sich erst einmal wie ein Verzicht an, doch am Ende tauschen wir nur Gewohntes gegen Neues aus, das schließlich selbst zu etwas Gewohntem wird. Aus der »Ich darf nicht«-Einstellung sollte eine »Ich will nicht«-Einstellung werden, damit du deine Ernährung positiv verändern kannst. So schaffst du eine bessere Welt für alle Lebewesen auf der Erde – für dich selbst, für deine Kinder und Enkelkinder, für Tiere und Pflanzen.

Die Symbiose der wichtigsten Grundgedanken: Nun wissen wir viel über die einzelnen Denkansätze der nachhaltigen Ernährung. Wir sind dir aber noch ein schönes Beispiel schuldig, das sie alle miteinander kombiniert. Die Uni Gießen hat uns eine Steilvorlage geliefert [139], die wir dir nicht vorenthalten möchten:

Produktionsart	CO_2 in Gramm pro Kilogramm Lebensmittel
Konventioneller Anbau im heimischen beheizten Gewächshaus außerhalb der Saison	9.300
Ökologischer Anbau im heimischen beheizten Gewächshaus außerhalb der Saison	9.200
Flugware von den Kanaren	7.200
Konventioneller Anbau in der Region während der Saison im nicht beheizten Gewächshaus	2.300
Freiland-Tomaten aus Spanien	600
Konventioneller Anbau in der Region während der Saison	85
Ökologischer Anbau in der Region während der Saison	35

Klischees abfrühstücken

»Eine biologische und nachhaltige Ernährungsweise ist viel zu teuer!«
Ist sie das wirklich? Oder glaubst du das nur, weil die Bio-Gurke üblicherweise etwas mehr kostet als die industriell produzierte? Hochwertige und gesunde Lebensmittel haben aber natürlich grundsätzlich ihren Preis, das stimmt. Schließlich müssen sie fair und umweltfreundlich hergestellt werden. Auch Billigprodukte sind also teurer, als sie scheinen, die Kosten werden nur von unserer Umwelt und deiner Gesundheit getragen. Pflanzliche Grundnahrungsmittel wie Haferflocken, Hülsenfrüchte, Pasta, Obst und Gemüse bekommst du zu wirklich erschwinglichen Preisen. Wenn du aus deiner persönlichen Einstellung heraus nachhaltig lebst, sparst du außerdem auch in anderen Bereichen deines Lebens sehr viel Geld ein: zum Beispiel beim Strom- und Wasserverbrauch, bei der langfristigen Benutzung deines Smartphones oder bei der Bevorzugung von Mehrweg- anstelle von Einwegprodukten.

»Für Soja werden die Wälder abgeholzt? Soja essen doch fast nur die Veganer!«

Soja ist tatsächlich eine der Pflanzen, die von Veganern bevorzugt wird, weil sie viele Proteine liefert. Und es stimmt auch, dass für den Sojaanbau große Flächen des Regenwalds gerodet werden. Allerdings enden etwa 80 Prozent der weltweiten Sojaernte als geschrotetes Futtermittel in der industriellen Tierfutterproduktion.[140] Keiner der gängigen Produzenten von Tofu, Sojamilch und anderen Sojaprodukten in Deutschland, Österreich und der Schweiz bezieht Soja aus Gebieten des Regenwalds.[141] Genverändertes Soja ist in Deutschland nicht einmal als Lebensmittel für Endverbraucher zugelassen – als Tierfutter allerdings schon. Die Abholzung der Wälder ist daher zum größten Teil auf den Konsum tierischer Produkte zurückzuführen. Und wenn sich alle Menschen vegan ernähren würden, würde sich der Sojabedarf im Gleichschritt mit dem Tierfutterbedarf sogar drastisch verringern.

»Ohne tierische Lebensmittel fehlt es dir an Nährstoffen – du bekommst zum Beispiel einen Proteinmangel.«

Es ist ein klassischer Irrtum, zu glauben, dass eine rein pflanzliche Ernährung unseren Proteinbedarf nicht abdecken kann. Auch Kühe und Schweine erhalten ihre Proteine aus Futterpflanzen wie Sojaschrot. In vielen pflanzlichen Lebensmitteln stecken sogar noch mehr Proteine als in Fleisch. So sind beispielsweise Hülsenfrüchte, Sojabohnen, Seitan, Erdnüsse, Kürbiskerne und Vollkornprodukte reich an Proteinen. Auch Brokkoli oder Champignons haben einen hohen Proteinanteil, gemessen an ihren Kalorien. Wenn du dich ausgewogen pflanzlich ernährst, musst du dir keine Sorgen über einen Nährstoffmangel machen. Mit einer Ausnahme: Vitamin B12. Es existiert im Boden, doch durch die aufwendige Verarbeitung von Lebensmitteln geht es verloren. Auch wenn die empfohlene Tagesdosis verschwindend gering ist, sollten Veganer sicherheitshalber mit einem Nahrungsergänzungsmittel nachhelfen. Fleischesser supplementieren Vitamin B12 auch, allerdings indirekt. Denn es wird im Futter von Nutztieren wie Kühen oder Schweinen ergänzt, wodurch auch ihr Fleisch das wertvolle Vitamin B12 enthält.

»Wer sich pflanzlich ernährt kann doch fast nichts mehr essen. Das geht doch alles gar nicht.«

Lasse dich nicht von deinem ersten Eindruck beirren, sondern betrachte die Umstellung auf eine pflanzliche Ernährung eher als einen Schritt-für-Schritt-Prozess und nicht als Hauruck-Aktion. Die vegane Ernährung öffnet dir eine Tür in eine noch vielfältigere Küche, in der du auch weiterhin Pizza, Schnitzel und all die anderen leckeren Dinge essen kannst, die sich optisch nicht einmal sehr von ihren tierischen Vorgängern unterscheiden. Wie wäre es mit einem saftigen Burger mit einem Hirse-Patty (siehe S. 120) und Ofenkartoffeln (siehe S. 117) dazu? Oder einer knusprigen Pizza mit Champignons und Walnüssen (siehe S. 179)? Es ändert sich gar nicht so viel. Dein Essen wird einfach nur umweltfreundlicher und schmeckt definitiv genauso lecker.

»Vegan ... plastikfrei ... – das sind doch alles nur Trends, die schneller weg sind, als sie gekommen sind.«

Das plastikfreie Leben ist meiner Meinung nach längst kein Trend mehr. Und Veganismus bzw. Vegetarismus erst recht nicht, da es beides wirklich schon immer unter den Menschen gab. Die Lebensstile haben sich jeweils von einem Trend zu einer gefestigten Bewegung gewandelt und Problemen wie dem Plastikmüll in der Umwelt, dem Tierleid und dem Klimawandel den Kampf angesagt. Sie werden unsere Gesellschaft in ein nachhaltigeres Zeitalter führen. Vom Anthropozän[142], in dem wir Menschen den größten Einfluss auf den Planeten hatten, ins »Ökolozän«, in dem wir unsere Abhängigkeit von einer intakten Natur akzeptieren und wertschätzen. In diesem Zeitalter, wie auch immer es dann heißen mag, wird sich unsere Gesellschaft endlich wieder der Natur bewusst, denn die Folgen unserer Wegwerfgesellschaft und des Massenkonsums werden dann leider, aber endlich sichtbar sein. Der darwinistische Ansatz wird wieder mal beweisen: Alles, was gegen die Natur ist, hat auf Dauer keinen Bestand.

»Es gibt Wichtigeres, als die Änderung unserer Ernährung fürs Klima – zum Beispiel den Welthunger!«

Das Schöne an der nachhaltigen und vorwiegend pflanzenbasierten Ernährung ist, dass sie so viele Fliegen mit einer Klappe schlägt und nicht einfach bei dem endet, was auf unserem Teller liegt. Findest du es nicht auch merkwürdig, dass wir genügend zu Essen haben, um jährlich 56 Milliarden Nutztiere zu füttern[143], aber gleichzeitig mehr als 800 Millionen Menschen auf der Welt hungern müssen?[144] Wenn sich alle Menschen pflanzlich ernähren würden, müsste kein einziger Mensch mehr auf diesem Planeten hungern.[145] Und so, wie die pflanzliche Ernährung dem Welthunger entgegenwirkt, entschärft sie auch andere Herausforderungen unserer Zeit – wie zum Beispiel die Abholzung der Regenwälder oder den Klimawandel. Niemand muss sich dabei von jetzt auf gleich ändern. Auf dem Weg dorthin zählt jeder Schritt: zum Beispiel die Reduzierung deines Fleischkonsums auf drei Wochentage.

Klimaküche

Wir kennen nun die Folgen unserer Ernährung und wissen auch, wie wir langfristig motiviert bleiben, um unser Essverhalten umweltfreundlich zu gestalten. Jetzt geht es ans Eingemachte, denn nach der Theorie folgt die Praxis: Lebensmittel sind die Basis unserer Ernährung. Sie werden angebaut, bewässert, gezüchtet, gemästet, verpackt und tiefgekühlt. Ob klimafreundlich oder klimaschädlich, das, was wir essen wollen, wird angeboten. So einfach ist das. Dabei essen wir vorwiegend die Lebensmittel, die wir von klein auf kennen oder solche, die uns aus eigener Erfahrung schmecken. Damit ist Ernährung auch eng mit Traditionen und Gewohnheiten verknüpft. Jeder Gabelstich verbindet unser Verdauungssystem mit unserem Wertesystem. Wir wissen, dass für unsere Lebensmittel massiv Treibhausgase in die Umwelt gelangen, Tiere leiden, Unmengen an Wasser und Energie verbraucht werden und Menschen in ärmeren Regionen hungern müssen.

Genau aus diesem Grund hältst du dieses Buch in den Händen – und deshalb sollten wir uns genauer mit den Lebensmitteln beschäftigen, die wir essen. Neben Optik und Geschmack spielen andere Faktoren wie Wasserverbrauch, Transportweg, Treibhausgas-Ausstoß oder Flächenverbrauch bei der Auswahl eine Rolle. In diesem Kapitel zeigen wir dir deshalb, wie du die klimafreundliche Küche bei dir zu Hause umsetzen kannst.

»Eine gute Küche ist das Fundament allen Glücks.« *Auguste Escoffier*

Lebensmittel

Im Laufe dieses Buches hast du bereits viel über die Nachhaltigkeit von Lebensmitteln kennengelernt. Während sich Tiefkühlpommes leider unter die »klimaschädlichen Lebensmittel« einordnen lassen, hast du erfahren, dass deine Lebensmittel im Einsatz für den Klimaschutz am besten frisch, pflanzlich, biologisch, regional und saisonal sein sollten.

Gemüse und Obst in »Massen« und tierische Produkte in »Maßen« ist diesbezüglich ein wirklich sinnvoller Grundsatz für die Auswahl deiner Lebensmittel. Des Weiteren möchten wir dir noch die »Planetary Health Diet« ans Herz legen, die es dir leicht machen wird, dich langfristig ausgewogen und umweltschonend zu ernähren. Das Konzept stellt nämlich einen Beispielteller dar, der als simple Proportionierungshilfe für deine zukünftigen Mahlzeiten dient. Die Hälfte des Tellers ist mit unterschiedlichem Obst und Gemüse bestückt, ein Viertel besteht aus pflanzlichen, aber auch einigen tierischen Proteinen – und ein weiteres Viertel aus Vollkornprodukten. Der Fokus liegt also ganz eindeutig auf der pflanzlichen Ernährungsweise. Tierische Lebensmittel werden auf ein Minimum beschränkt.

Planetary Health Diet

Wie schaffen wir es, dass auch in 2050 noch ausreichend gesunde Lebensmittel für alle Menschen auf dem Planeten zur Verfügung stehen? Die Antwort liefert die sogenannte »Planetary Health Diet«, ein von renommierten Wissenschaftlern erarbeiteter Ernährungsplan, der sowohl die dauerhafte Gesundheit von uns Menschen als auch die unseres Planeten im Gleichschritt ermöglicht. Unter »Hilfreiches« (siehe S. 213) am Ende des Buches findest du den beschriebenen Teller mit der idealen Zusammensetzung einer ausgewogenen und gleichzeitig klimafreundlichen Mahlzeit.

Da sich Lebensmittel sowohl im Energieverbrauch, beim Treibhausgas-Ausstoß, in der benötigten Landfläche oder hinsichtlich der Versauerung von Gewässern und Böden unterscheiden, sollten wir uns manche von ihnen gesondert anschauen. Einige werden dich sicher überraschen, andere nicht. Manche isst du täglich, andere einmal im Jahr. Ob dir das schmeckt oder nicht – da müssen wir jetzt durch. Wir wollen nichts verteufeln – und auch nichts in den Himmel loben. Dieses Kapitel dient jedoch dazu, ein besseres Gefühl für die Klimaverträglichkeit unserer täglich verzehrten Lebensmittel zu bekommen. Denn nur wer seine Pappenheimer kennt, kann jeden Tag eine Verbesserung hervorrufen.

Klimafeinde

Fleisch | Butter | Käse und Sahne | Kakao | Palmöl | Kokos | Reis

Schokolade | Avocado | Mineralwasser | Wein | Kaffee | Tee

Klimafreunde

Soja | Kichererbsen | Seitan | Linsen | Bohnen | Erbsen | Lupine

Hafer | Roggen | Weizen | Hirse | Amarant | Buchweizen | Couscous

Unsere Ernährung mit Steuern lenken

Wusstest du, dass in Deutschland für Fleisch, Milch, Eier, Fisch, Butter, Honig und eine schier unendlich langen Liste weiterer tierischer Erzeugnisse lediglich ein Mehrwertsteuersatz von 7 Prozent erhoben wird? Der sogenannte ermäßigte Steuersatz wurde im Jahr 1968 eingeführt und sollte damals die Ausgaben für den lebensnotwendigen Bedarf in einem zumutbaren Rahmen halten und einkommensschwache Haushalte entlasten.[146]

Heute gilt er immer noch. Trotz Klimakrise und aller ökologischen sowie gesellschaftlichen Probleme, die mit der Tierhaltung einhergehen. Pflanzliche Erzeugnisse wie Soja- oder Hafermilch werden hingegen mit 19 Prozent besteuert, da sie in die Kategorie »verarbeitete Lebensmittel« fallen. Erschwerend kommt hinzu, dass mehr als 70 Prozent der EU-Direktzahlungen Landwirte subventioniert, die Fleisch, Milch und Eier produzieren. Nur deshalb können tierische Erzeugnisse trotz des immensen Produktionsaufwandes überhaupt so günstig angeboten werden.[147] Gleichzeitig bekräftigt es das Klischee, dass pflanzliche Ernährung teuer sei.

Klimafeinde

FLEISCH

Es gibt fast kein einziges Tier, dessen Fleisch man als klimafreundlich einstufen könnte. Der König der Klimakiller ist das Rindfleisch mit mehr als 15.000 Litern Wasserverbrauch und etwa 16,85 Kilogramm CO_2-Äquivalenten pro Kilogramm. Doch da im Grunde alle Tiere, die für ihr Fleisch gehalten werden, viel Futter in wenig Fleisch umwandeln, gehören auch Schweine, Hühner, Zuchtfische und Schafe zu den Klimasündern. Natürlich sind die Tiere selbst nicht das Problem – sondern unser Verlangen nach ihrem Fleisch.

Was tun? Wenn du also Fleisch isst, dann so selten, so regional und so biologisch wie nur möglich. Wildschwein oder Reh kommen der Kategorie des klimafreundlichen Fleisches noch am nächsten. Sie »wachsen in der Natur«, werden nicht mit pflanzlichen Futtermitteln von fremden Kontinenten gefüttert und kennen die Sorgen der Massentierhaltung nicht. Ansonsten gilt: lieber Huhn und Schwein als Lamm oder Rind – da sie im Vergleich noch mehr Futter in Fleisch verwandeln. Statt Heilbutt, Lachs, Hummer und Garnelen aus energieintensiver Zucht, solltest du lieber zu MSC-zertifizierten Fischen wie Zander, Forelle oder Seelachs greifen. »Alternativen Fisch« gibt es mittlerweile auch auf Basis von Soja oder Weizen.

BUTTER

»Alles in Butter?« – oh ja. In der Produktion von nur 1 Kilogramm Butter stecken etwa 12,11 Kilogramm CO_2-Äquivalente, 20 Liter Milch[148] und damit auch 60 Liter Gülle. Deshalb zählt sie leider zu den größten Klimafeinden unserer Ernährung. Die Auswirkungen gehen mit dem Methan-Ausstoß, dem riesigen Flächenverbrauch, der Abholzung der Regenwälder und der Grund- und Bodenbelastung mit Nitraten und anderen Schadstoffen natürlich noch viel tiefer.

Was tun? Ersetze Butter durch Pflanzenmargarine, für die lediglich 1,35 Kilogramm CO_2 pro Kilogramm ausgestoßen wird.

KÄSE UND SAHNE

So wie Butter sind auch Käse und Sahne Erzeugnisse auf Kuhmilchbasis. Alle drei sind vegetarisch – aber trotzdem dicht an der Spitze der Klimafeinde. Für 1 Kilogramm Käse werden durchschnittlich 8,5 Kilogramm CO_2-Äquivalente ausgestoßen[149], für Sahne etwa 5,89 Kilogramm. Die weiteren Auswirkungen der Herstellung tierischer Produkte hast du bereits ausführlich erfahren.

Was tun? Probiere einfach mal Käse auf Basis pflanzlicher Inhaltsstoffe, wie Soja oder Mandeln. Ob Frisch-, Scheiben- oder Streukäse – es gibt ihn in allen Formen, auch ohne tierischen Ursprungs. Du kannst dir sogar Mozzarella-Käse aus Cashewnüssen selber machen. Und die Sahne? Ja, die gibt es auch auf Soja- oder Haferbasis (siehe S. 116).

KAKAO

Kakao macht einfach glücklich! Leider nicht alle. Denn Kakaobäume gehören zu den wenigen ertragreichen Pflanzen, die sich nicht in Massenkultivierung anbauen lassen. Das heißt: Handarbeit ist gefragt. Um im internationalen Wettbewerb möglichst günstig zu produzieren, ist Kinderarbeit gang und gäbe, zum Beispiel auf den Kakaoplantagen Ghanas. Kakaobauern sind im konventionellen Anbau absolut unterbezahlt. Der hohe CO_2-Ausstoß von 398 Gramm CO_2-Äquivalenten für eine 100-Gramm-Tafel Milchschokolade kommt noch dazu – sowie der enorme Wasserverbrauch von 27.000 Litern für 1 Kilogramm Kakao.[150, 151] Auf der einen Seite beschleunigt der Kakaoanbau also den Klimawandel, auf der anderen leidet er selbst darunter. Denn die Trockenheit bedroht die weltweite Schokoladenproduktion und bis zum Jahr 2050 könnte die Kakaobohne sogar ausgestorben sein.[152]

Was tun? Nur ein verschwindend geringer Anteil des Kakaos stammt bisher aus ökologischem Anbau. Es hilft deshalb besonders, Schokolade bewusst pflanzlich und frei von Kuhmilch zu genießen – ganz nach unserem Prinzip: in Maßen und nicht in Massen.

PALMÖL

Etwa jedes zweite Supermarktprodukt enthält Palmöl – von der beliebten Nuss-Nougat-Creme über Tütensuppen, Fertigpizzen und Schokoriegeln bis hin zu Küchenreinigern! Um den Bedarf an Palmöl zu decken, verwandeln sich Regenwälder in monotone Plantagen mit Pestizideinsatz, die weltweit etwa 19 Millionen Hektar Fläche benötigen und Tierarten wie den Orang-Utan massiv bedrohen.[153]

Was tun? Gehe gezielt die Zutatenliste auf der Verpackung durch oder nutze die CodeCheck-App, um Supermarktprodukte in Sekundenschnelle auf ihre Inhaltsstoffe zu scannen. Das ist besonders hilfreich, weil sich Palmöl gerne hinter unzähligen Fachbegriffen wie »Palmitinsäure«, »Sodium Palm Kernelate« oder »Ethylpalmitat« versteckt. Grundsätzlich führt kein Weg daran vorbei, den Konsum von Pflanzenölen wie Palmöl zu reduzieren. Der Austausch durch Kokos- oder Rapsöl verbessert die Situation nicht, da diese noch mehr Fläche benötigen.

KOKOS

Wer Palmöl sagt, muss auch Kokosöl sagen – die Kokospalme hat, bezogen auf ihre Umweltwirkung, so einiges auf dem Kerbholz! Kokosprodukte haben in Deutschland schon aufgrund der langen Transportwege automatisch eine schlechte CO_2-Bilanz. Doch der flächenintensive, langwierige Anbau von Kokospalmen in Monokulturen mit hohem Düngemitteleinsatz zerstört außerdem die Natur. Aufgrund dieser intensiven Herstellung stecken laut Ökotest in jedem zweiten Kokosprodukt Schadstoffe wie Weichmacher oder Mineralöl.[154]

Was tun? Kokos ziert mittlerweile die Zutatenliste unglaublich vieler Produkte. Versuche, ihren Konsum bewusst zu reduzieren und genieße beispielsweise Hafermilch anstelle der Kokosmilch.

REIS

So unscheinbar und lecker das Reiskorn auch sein mag: Während wir wasser- und energieintensiv etwa 600 Millionen Tonnen im Jahr davon produzieren, werden gleichzeitig – und vor allem im Nassreis-Anbau – auch 60 Millionen Tonnen des Treibhausgases Methan freigesetzt. Zum Vergleich: Alle Wiederkäuer auf der Welt kommen im Jahr auf 80 Millionen Tonnen.[155] Durchschnittlich werden für 1 Kilogramm Reis etwa 2,58 Kilogramm CO_2 ausgestoßen. Wie die Herstellung von Kakao steckt auch die Reisproduktion in einem ökologischen Teufelskreis: Sie beschleunigt die globale Erwärmung und ist gleichzeitig von ihr bedroht. Der Temperaturanstieg, die Wasserknappheit und der Kohlendioxidgehalt in der Luft mindern den Ernteertrag. Laut wissenschaftlichen Prognosen könnte die Reisproduktion deshalb bis zum Jahr 2050 um 40 Prozent zurückgehen. Das ist besonders beunruhigend, weil das kleine Korn für etwa die Hälfte der Weltbevölkerung das wichtigste Grundnahrungsmittel darstellt.[156]

Was tun? Reis aus Trockenanbauverfahren ist die deutlich klimafreundlichere Methode. Indem du diese Produkte bevorzugst oder deinen Reiskonsum auf ein bewusstes Maß reduzierst, gehst du schon einen wichtigen Schritt.

SCHOKOLADE

Alles für ein knackiges Stück Schokolade! Jeder kennt diesen Heißhunger auf etwas Süßes, obwohl man eigentlich etwas für die Figur tun wollte. Vielleicht hast du jetzt einen Extra-Motivator an der Hand, um die Schokolade noch entschlossener im Supermarktregal liegen zu lassen. Denn in gewöhnlicher Schokolade stecken gleich drei Klimafeinde: Kakao, der Spitzenreiter auf der Liste der Lebensmittel mit dem höchsten Wasserverbrauch. Kuhmilch, die an dieser Stelle keiner weiteren Erklärung bedarf. Und Palmöl, das zur Umwandlung von Regenwäldern in monotone Plantagen beiträgt. Für 1 Kilogramm Milchschokolade werden so etwa 3,98 Kilogramm CO_2-Äquivalente ausgestoßen.

Was tun? Wenn du auf herkömmliche Schokolade verzichtest, tust du nicht nur etwas für deine Figur, sondern auch für unseren Planeten. Wer Lust auf ein Stück »Schoki« hat, greift lieber zum biozertifizierten pflanzlichen, aber palmölfreien Pendant.

AVOCADO

Wie super kann eine Superfrucht sein? Die unscheinbare Trendfrucht ist so beliebt, dass sogar die mexikanischen Drogenkartelle das Milliardengeschäft für sich entdeckt haben. Dort herrschen die Avocado-Kriege. Abgesehen von seinen gesellschaftlichen Folgen trägt der Boom aber auch eine Mitschuld an den größten Umweltproblemen unserer Zeit. Denn die Frucht wächst nur in wärmeren Gefilden. Bis sie bei uns ist, muss sie viele Flug- oder Seestunden zurücklegen, wird doppelt und dreifach mit Ethylen besprüht und in Verpackungsmaterial eingelegt. Und wenn Früchte dann nicht mehr den gewünschten Normen entsprechen, werden sie aussortiert und entsorgt. Umso bedenklicher ist es, dass durchschnittlich 320 Liter Wasser notwendig sind, um eine einzige Avocado zu produzieren.[157] Der Standort ist am Ende entscheidend für den tatsächlichen Verbrauch. Avocados benötigen zum Beispiel in Spanien deutlich mehr Wasser als in der Dominikanischen Republik, weil sie in der Karibik vermehrt mit Regenwasser bewässert werden können. Am Ende wird aber wieder der weite Transportweg zum Umweltproblem. Im Hinblick auf die Klimawirkung ist die Avocado also tendenziell das Fleisch unter den Früchten.

Was tun? Ein bewusster Konsum der Superfrucht ist angebracht. Das heißt: Anstatt sie beinahe täglich zu essen, solltest du sie nur wenige Male im Jahr genießen. Die Vitamine und gesunden Fette der Avocado kannst du dir alternativ auch über hiesiges Gemüse gönnen, wie Blattsalat, Brokkoli, Grün- oder Rosenkohl, und über regionale Nüsse, Kerne und Samen.

MINERALWASSER

Das sprudelnde Wasser aus Plastikflaschen ist nicht nur bis zu 1.800-mal teurer als Leitungswasser[158], es stößt auch noch 1.400-mal mehr CO_2 aus. Dafür sorgen unter anderem die Aufbereitung, Abfüllung, Flaschenwäsche, Transporte und nicht zuletzt das Recycling.[159] Wenn die Flaschen nicht wiederverwendet werden, erhöht sich die negative Umweltwirkung des Mineralwassers zusätzlich. Rund 1,9 Millionen Einweg-Plastikflaschen werden in Deutschland täglich verbraucht – Flaschen, die vor allem mit Wasser befüllt werden.[160]

Was tun? Ersetze das Mineralwasser vermehrt durch Leitungswasser und spare dir sowohl Kosten als auch den Aufwand, die schweren Flaschen transportieren zu müssen. Wenn dir Leitungswasser zu langweilig ist, dann upgrade es einfach mit Zitrusfrüchten, Minzblättern oder Ähnlichem. Alternativ kannst du dir ein Sprudelgerät mit austauschbaren Pfandkartuschen zulegen.

WEIN

Weinkenner werden an dieser Stelle kurz zusammenzucken, wenn ihnen verdeutlicht wird, dass eine Flasche Wein nicht nur ein blumiges und würziges Geschmäckle hat, sondern auch ein ökologisches. Dafür sorgt der meist energie-, wasser- und flächenintensive Anbau unter Pestizid- und Düngemitteleinsatz. Aber auch tierische Bestandteile wie Fischblasen, Hühnereiweiß oder Speisegelatine spielen eine wichtige Rolle. Um eine Flasche Wein zu produzieren, entstehen etwa 2 Kilogramm CO_2-Äquivalente. Abhängig von der Anbauart, der Entfernung und der Transportart, kann der CO_2-Ausstoß sogar auf bis zu 4,5 Kilogramm pro Flasche ansteigen.[161] Da es vielen Rebsorten zu warm wird, ist auch der Weinanbau selbst durch den Klimawandel bedroht.[162]

Was tun? Bevorzuge lieber biologisch angebaute und rein pflanzliche Weine. Du musst kein schlechtes Gewissen haben, wenn du dir ein Schlückchen genehmigst, aber vielleicht helfen dir unsere Worte dabei, deinem nächsten Wein die Wertschätzung entgegenzubringen, die er verdient.

KAFFEE

Jeder Deutsche schlürft durchschnittlich 164 Liter Kaffee im Jahr – Tendenz steigend.[163] Eine ganze Menge, wenn man bedenkt, dass wir dem Klimawandel mit dieser Kaffeesucht leider einen Bärendienst erweisen. Die Bohnen werden unter hohem Wassereinsatz angebaut, per Hand geerntet, geröstet und um die halbe Welt transportiert. Damit der Anbau ökonomischer erfolgt, sind monotone Plantagen unausweichlich. Vor allem »Kapselkaffee« ist extrem umweltbelastend, weil für die Herstellung Regenwälder abgeholzt und Schadstoffe in der Natur entsorgt werden. Gleichzeitig ist ein hoher Energieeinsatz notwendig – und die Einwegkapseln hinterlassen 8.000 Tonnen Aluminium- und Plastikmüll pro Jahr, der oft in der Umwelt landet.[164] Von den nicht recycelbaren Coffee-to-go-Becherbergen wollen wir gar nicht erst anfangen. Wie in so vielen anderen Lebensmittelbranchen auch, schadet sich die Kaffeeindustrie am Ende selbst, da Anbauflächen und Ernte der Kaffeepflanzen unter der globalen Erwärmung leiden.[165]

Was tun? Das Prinzip »Klasse statt Masse« hilft auch beim Kaffee. Wertschätze die Geschichte deines Kaffees und genieße ihn bewusst in Maßen. Setze dabei auf Bio- und Fairtrade-Bohnen und brühe ihn zu Hause auf. Es sprießen immer mehr Start-ups aus dem Boden, die ökologischen Kaffee anbieten, der mit dem Segelschiff aus Anbauländern wie Peru oder Äthiopien nach Europa transportiert wird.

Ach, und ganz nebenbei kannst du mit dem übrig bleibenden Kaffeesatz zum Beispiel Ablagerungen in Flaschen oder Vasen loswerden. Einfach 2–3 Esslöffel Kaffeesatz mit heißem Wasser hineingießen und 1 Stunde abwarten. Dann löst sich der Schmutz ganz von selbst. Auch als Dünger oder für selbst gemachte Stückseife eignet sich der nährstoffreiche Kaffeerest.

TEE

Zwar verbraucht Tee deutlich weniger Wasser als Kaffee und gewinnt das Rennen zwischen den beliebtesten Genussmitteln, aber »Abwarten und Tee trinken« passt in Bezug auf den Klimawandel leider so gar nicht. Zum einen, weil der energieintensive Anbau und Transport vieler Teesorten entscheidend zum Klimawandel beiträgt. Zum anderen, weil die Teeblätter aufwendig geerntet, verarbeitet – und vor allem aus Ländern wie Indonesien, Südafrika, China oder Indien nach Deutschland transportiert werden müssen.

Was tun? Im Einsatz für das Klima lohnt sich der Griff zum biologischen Fairtrade-Pendant. Um unnötigen Müll durch Teebeutel oder Verpackungen zu vermeiden, kannst du dir außerdem losen Tee besorgen, den du mit einem Edelstahlsieb oder einem wiederverwendbaren Tee-Ei aus Edelstahl aufbrühst.

Klimafreunde

Die folgenden Klimafreunde spielen die Hauptrolle in der Oper »Essen der Zukunft« – auch wenn ihr Image noch ein bisschen aufpoliert werden muss. Wir können uns natürlich nicht ausschließlich von Hülsenfrüchten, Getreide oder Pseudogetreide ernähren. Doch wenn du deine Gerichte nach den Regeln einer nachhaltigen Ernährung zubereitest und bewusst mit anderen möglichst regionalen, saisonalen, pflanzlichen und biologischen Lebensmitteln kombinierst, hat das einen positiven Effekt auf unser Weltklima.

SOJA

Ja, Soja ist mitverantwortlich für den Klimawandel. Allerdings handelt es sich dabei im Wesentlichen um Sojaschrot, das proteinhaltige Futtermittel für die Massentierhaltung. Andere sojabasierte Lebensmittel, wie Sojaschnitzel oder Sojasauce liegen im untersten einstelligen Prozentbereich. Glücklicherweise kann die proteinhaltige Pflanze auch in wärmeren Gefilden in Europa – und sogar in Deutschland oder Österreich – angebaut werden. Im Gegensatz zu vielen Klimafeinden, die in einem Teufelskreis gefangen sind, profitiert die trockenheitsliebende Sojapflanze sogar von der globalen Erwärmung. Ein kleiner Kritikpunkt ist sicherlich die aufwendige Verarbeitung der Pflanze, doch anschließend steht uns ein echter Nährstoffcocktail in den unterschiedlichsten Produktformen bereit, wie beispielsweise pflanzliches Hackfleisch aus verarbeitetem Sojagranulat oder leckeres Tempeh.

KICHERERBSEN

Sie mag eher zu den Exoten gehören, doch die Kichererbse kann mittlerweile selbst in Deutschland angebaut werden. Auch diese Pflanze profitiert von den wärmeren Temperaturen in Europa, da sie grundsätzlich wenig Wasser benötigt und deshalb auch bei längeren Durststrecken sehr gut zurechtkommt. Das ist gut, denn Kichererbsen sind extrem nährstoffreich und gesund – schon 100 Gramm decken einen wesentlichen Teil unseres Tagesbedarfs an Magnesium, Eisen, Kupfer und Vitamin K. Dabei erzeugt sie insgesamt nur 95 Gramm CO_2-Äquivalente. Und das Beste: Kichererbsen sind vielseitig einsetzbar. Probiere doch mal knusprige Kichererbsen-Zucchini-Puffer mit Cashew Sour Cream (siehe S. 146). Mit eingeweichten und gerösteten Kichererbsen kannst du im Prinzip alles garnieren. Und bei »Heißhunger« auf Döner, fülle ihn dir lieber mit Falafel statt mit Lammfleisch.

SEITAN

Bei der Herstellung von Seitan wird die Stärke des Weizens vom Eiweiß getrennt. Aus dem Eiweiß entsteht dann Seitan, dessen Optik sowie dessen Konsistenz an ein saftiges Rindersteak erinnert. In seiner Klimawirkung mit etwa 1.120 CO_2-Äquivalenten pro Kilogramm ist Seitan allerdings deutlich klimafreundlicher. Aus diesen Gründen halten wir es für ein ideales Einstiegsmittel in die pflanzliche, umweltschonende Ernährung – für alle, die nicht unter einer Glutenunverträglichkeit leiden. Denn Weizeneiweiß ist im Grunde nichts anderes als Gluten. Abgesehen von diesem kleinen Wermutstropfen ist das Coole an diesem »Klimakumpel«, dass du ihn richtig unkompliziert zu Hause selber machen kannst. Alles, was du dafür brauchst, ist Weizenmehl und Wasser. Gieße zunächst etwas Wasser mit dem Mehl zusammen, knete die Masse ordentlich zu einem Ball und lasse ihn dann 20 Minuten in einem Wasserbad ruhen. Danach knetest du die Masse einfach noch etwas weiter und legst sie für 1 Stunde in den Kühlschrank. Kombiniert mit leckeren Gewürzen deiner Wahl kannst du dir daraus knackige Würstchen und saftige Steaks zaubern.

LINSEN

Die kleinen Hülsenfrüchte sind vollgestopft mit Proteinen und anspruchslos sowie flächenschonend im Anbau. Dabei schmecken sie überraschend vielfältig: nussig, erdig, zart und herzhaft zugleich. Auch die Klimabilanz von Linsen kann sich mit etwa 1.000 Gramm CO_2 pro Kilogramm mehr als sehen lassen. Und das, obwohl sie meist aus Kanada, Indien, Italien oder Frankreich stammen. In Deutschland werden sie lediglich im Süden angebaut. Der Grund für die Zaghaftigkeit deutscher Landwirte sind vor allem die hohen Kosten bei der Ernte, weil Linsen zusätzliche Stützfrüchte wie Erbsen oder Hafer benötigen. Dabei fungiert der Anbau von Hülsenfrüchten als Gründünger, indem er den Boden mit Stickstoff anreichert und somit das Wachstum anderer Pflanzen in der Fruchtfolge optimiert. Alles in allem gehören sie, auch aufgrund ihrer Witterungsbeständigkeit, völlig zu Recht zu den Nahrungsmitteln der Zukunft. Linsensuppe (siehe S. 111) ist bei Weitem nicht so altertümlich und langweilig, wie sie klingt – und gleichzeitig ein klimafreundlicher Ersatz für jeden Fleischeintopf. Oder wie wäre es mit roten Linsennudeln? Diese gibt es mittlerweile in jedem gut sortierten Supermarkt zu kaufen.

BOHNEN

Bohnen sind ebenfalls echte Protein-Granaten. Sie enthalten mehr Proteine als so manche Fleischart. Das Klischee vom Veganer, der an Proteinmangel leidet, kippen die Bohnen somit schon fast im Alleingang. Sie reihen sich auch sehr anständig in die Liste der klimafreundlichen Hülsenfrüchte ein: Pro Kilogramm werden nur etwa 1.000 Gramm CO_2 ausgestoßen, angefangen von der recht aufwendigen Produktion bis hin zur Zubereitung. Tipp: Als Sommergemüse sind Bohnen sehr gut mit Getreideprodukten oder einem saftigen Stück Seitan kombinierbar.

ERBSEN

Die kleinen, grünen Kügelchen liefern jede Menge Eiweiß und Kohlenhydrate – und eignen sich für so viel mehr als nur Erbsensuppe. Auf Erbsenbasis werden zum Beispiel unzählige Fleischersatzprodukte hergestellt: vom pflanzlichen Schinkenspicker bis hin zur Teewurst. Erbsen sind eine sinnvolle und zukunftsfähige Grundzutat, denn sie haben mit etwa 554 Gramm CO_2 pro Kilogramm eine richtig gute Klimabilanz. Je regionaler und frischer, desto besser. Auch in Sachen Witterung und Bodenqualität sind sie nicht besonders anspruchsvoll. Erbsen kannst du übrigens auch sehr entspannt zu Hause im eigenen Garten anbauen. Zaubere dir doch zum Beispiel ein frisches Erbsen-Minz-Püree (siehe S. 139) als Beilage zu den Kichererbsen-Zucchini-Puffern (siehe S. 146).

LUPINE

Sie zählen zu den besonders proteinreichen Hülsenfrüchten und sind auch noch regional anbaubar: die Lupinen. Diese erbsenähnlichen Samen der Süßlupine waren früher in Mitteleuropa ein sehr wichtiger pflanzlicher Eiweißlieferant für Mensch und Tier. Heute kennen sie bei uns die wenigsten. Doch auch wenn es noch keinen aussagekräftigen CO_2-Wert für Lupinen gibt, sind wir fest davon überzeugt, dass sich das in den nächsten Jahren ändern wird. Sie können umweltfreundlich verarbeitet und angebaut werden, da sie ideal an unser Klima angepasst und relativ anspruchslos sind. Außerdem enthalten Lupinen jede Menge essenzielle Aminosäuren und über 40 Prozent Eiweiß. Bereits heute findest du in gut sortierten Supermärkten Lupinenmilch, Lupinenmehl, Lupinenjoghurt oder Fleischersatz auf Lupinenbasis. Ökologie und Gesundheit sind wesentliche Gründe dafür, dass wir in naher Zukunft weitere Lupinen-Produkte erwarten dürfen.

> Im Jahr 1850 aß man durchschnittlich etwa 20 Kilogramm an Erbsen, Bohnen und Linsen – heute sind es nur noch 0,5 Kilogramm.[166] Der Geschmack »neuer« Lebensmittel, wie Rinder- oder Schweinefleisch, hat ihnen den Rang abgelaufen.

HAFER

Mit Hafer steht uns ein sehr umweltfreundliches und extrem nährstoffreiches Getreide zur Verfügung, das hier in Deutschland ideale Anbaubedingungen vorfindet. Für die Erzeugung von 1 Kilogramm Hafer sind nur etwa 986 Gramm CO_2 notwendig. Die Haferpflanze hat außerdem einen hohen Vorfruchtwert für die Lebensmittel, die nach ihr auf dem jeweiligen Acker angebaut werden. So ist sie nicht so anfällig für Krankheiten und erstickt diese wortwörtlich im Keim. Auf fast einem Viertel der gesamten Haferanbaufläche in Deutschland wächst sogar Bio-Hafer.[167] Noch ein Grund mehr, häufiger zu Haferflocken, Hafermehl, Hafersahne oder Hafermilch zu greifen und beispielsweise das klassische tierische Rührei durch ein pflanzliches Haferrührei (siehe S. 107) zu ersetzen.

ROGGEN

Diese Pflanze ist ziemlich nutzenflexibel, anspruchslos und trockenresistent. Auch deshalb wird sie gerne bei anstehender Frühsommertrockenheit angebaut. Im Jahr 2018 stieg die Roggenanbaufläche in Deutschland im Vergleich zum Vorjahr um 25 Prozent an.[168] Den Großteil der Ernte verschlingen Futtermittel für die Tierhaltung. Roggen ist zum Glück durch seine vielseitigen Fähigkeiten gegen den Klimawandel gewappnet – und mit etwa 907 Gramm CO_2-Äquivalenten pro Kilogramm auch in der Lage, diesen zu entschleunigen. Setze deshalb auf regionales Roggenbrot oder andere Roggenprodukte aus ökologischem Anbau.

WEIZEN

Weizen ist ein klimafreundliches, wenig bewässerungsintensives und eiweißhaltiges Lebensmittel für Backwaren. Es steht uns schon seit vielen Jahrhunderten zur Verfügung. Um 1 Kilogramm Weizen zu produzieren, sind etwa 600 Gramm CO_2-Äquivalente nötig. Das liegt auch am intensiven Pestizid- und Düngemitteleinsatz. Wenn er aus regionalem, ökologischem Anbau stammt, wird seine Klimabilanz deutlich besser, da im Vergleich zum konventionellen Pendant Transportwege und Umwelteinwirkungen reduziert werden. Allein der Energiebedarf ist dann um ein Drittel geringer.[169] Leider ist der recht anspruchsvolle Weizenanbau durch den Klimawandel gefährdet. Bis zum Ende des Jahrhunderts könnten 60 Prozent der weltweiten Anbauflächen von erntevernichtenden Dürren betroffen sein.[170]

HIRSE

Auch die leicht nussig schmeckende Hirse reiht sich mit 614 Gramm CO_2-Äquivalenten pro Kilogramm in die klimafreundlichen Getreidesorten ein. Bevor die Kartoffel die Teller eroberte, galt die Hirse sogar als wichtigstes Grundnahrungsmittel. Nach einer langen Auszeit feiert sie aber längst schon ihr Comeback. Mit hohen Anteilen an Eiweißen, Eisen, Vitaminen, Zink und Magnesium ist sie ein extrem großzügiger Nährstofflieferant – und in der Küche als Hauptspeise, elegante Beilage oder ergänzend zu Salaten bestens geeignet. Fazit: Hirse ist in allen Belangen ein sehr klimafreundlicher Reisersatz.

AMARANT

Amarant zählt zu den sogenannten Pseudogetreiden, die zwar keine Süßgräser sind, aber dennoch wie Getreide behandelt werden. Die Herstellung der kleinen Samen ist extrem klimafreundlich. Bis 1 Kilogramm Amarant auf deinem Teller liegt, werden nur etwa 370 Gramm CO_2-Äquivalente ausgestoßen. Du kannst mit dem Pseudogetreide zum Beispiel eine leckere Amarant-Gemüsepfanne zubereiten oder dir einen sättigenden Amarant-Burger bauen. Selbst die Blätter der Pflanze sind eiweißreich und tragen ebenfalls zur positiven Klimabilanz bei. Probiere sie einfach mal und wenn du magst, kannst du die bienenfreundliche Pflanze sogar in deinem eigenen Garten anbauen.

BUCHWEIZEN

Auch der extrem nährstoffreiche Buchweizen ordnet sich in die Pseudogetreide-Schublade ein. Er ist glutenfrei und reich an wertvollen Eiweißen und Mineralstoffen. Zudem zeichnet ihn seine Resistenz gegen Krankheiten und der generell recht anspruchslose Anbau aus. Für 100 Gramm werden etwa 60 Gramm CO_2-Äquivalente ausgestoßen. Ideale Voraussetzungen also, um dem Klimawandel zu trotzen und ihn zu entschleunigen. Wenn Buchweizenfelder blühen, fördern sie sogar die Biodiversität, indem sie eine Schar an Insekten anlocken. Auch in der Küche ist Buchweizen sehr vielseitig. So kannst du ihn beispielsweise als Reisersatz verwenden oder seinen nussigen Geschmack in Form von Buchweizennudeln genießen. Absolut empfehlenswert sind auch knackige Buchweizen-Bratlinge als Alternative zur Hackfleisch-Frikadelle.

COUSCOUS

Couscous ist weder Getreide noch Pseudogetreide – es ist ein Produkt der Getreideverarbeitung und besteht meist aus Hartweizengrieß.[171] Obwohl die Herstellung von Couscous aus Getreidegrieß relativ energieintensiv ist, sind die kleinen, gelben Körnchen mit etwa 700 Gramm CO_2 pro Kilogramm ein fester, klimafreundlicher Bestandteil der nachhaltigen Küche: Couscous ist vielseitig einsetzbar und leicht mit anderen umweltfreundlichen Lebensmitteln kombinierbar. Wenn du beim Kauf von Couscous Wert auf einen regionalen und biologischen Anbau legst, hast du einen echten Klimafreund zur Hand. Eine weitere klimafreundliche Alternative ist Bulgur, der, genau wie Couscous, aus Hartweizen hergestellt wird.

Alternativprodukte

Für so manches neues Produkt auf dem Markt gibt es schlichtweg noch keine Klimadaten. Das ist natürlich kein Grund, sie dir vorzuenthalten – nicht zuletzt, weil sie den Umstieg vom Mischköstler zum Vegetarier, vom Vegetarier zum Veganer oder die recht rabiate Umstellung vom Fleischfan zum veganen Vorreiter extrem erleichtern können. So gibt es zum Beispiel leckere vegane Sahne auf Sojabasis. Auch pflanzlicher Käse aus Mandeln liegt bereits in den Regalen. Er sieht übrigens nicht nur so aus wie gewöhnlicher Käse, er riecht und schmeckt auch sehr danach. Aus eigener Erfahrung können wir dir diese Tipps nur wärmstens ans Herz legen – besonders dann, wenn dir der Verzicht auf Sahne- oder Käseprodukte noch zu »krass« erscheint.

Zwei Frühstücksvarianten im Klima-Vergleich[172]

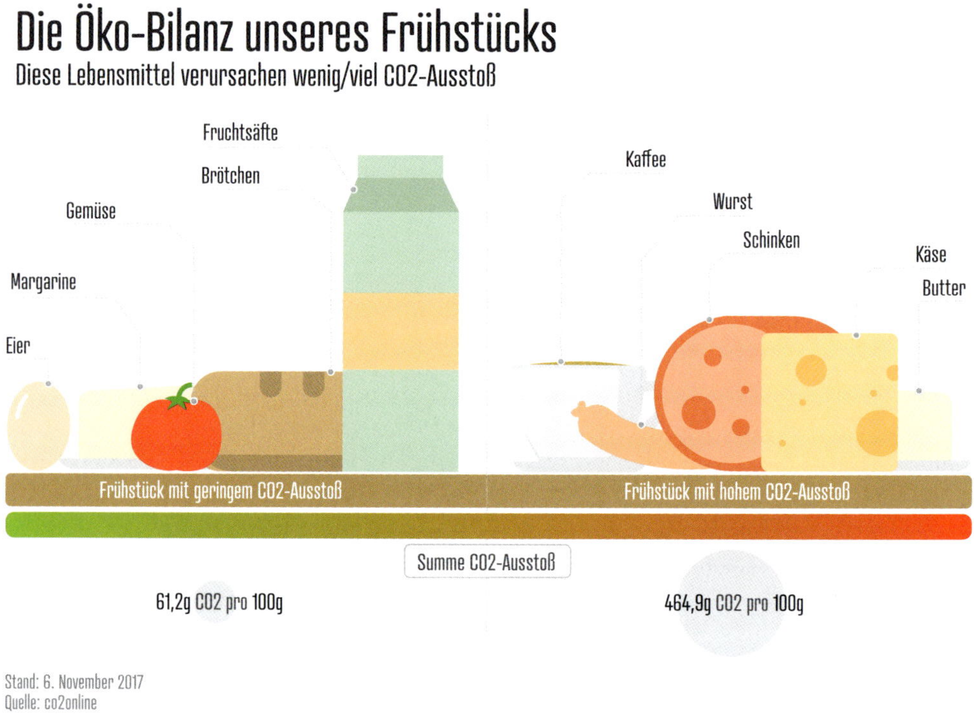

Klimawirkung deiner Mahlzeiten auf einem Blick: In der KlimaTeller-App von Klimateller.de kannst du alle Zutaten deiner geplanten Mahlzeiten eingeben und dir schneller ein Bild über die jeweilige grammgenaue Klimawirkung machen.

Einkaufen

Das nachhaltigste Produkt ist sicherlich das, welches gar nicht erst gekauft wird. Für den nagelneuen Pullover oder das schicke Smartphone mag dieser Leitsatz sicher gelten, doch auf die eigenen Lebensmitteleinkäufe lässt er sich nur bedingt übertragen. Da wir essen müssen, lässt sich der Kauf von Lebensmitteln nicht einfach vermeiden. Bei deinen Einkäufen musst du auch nicht alles perfekt machen – doch du kannst schon mit kleinen Mitteln vieles richtig machen. Ob regional und saisonal, ob geringerer Fleischkonsum oder bewusstes Einsparen von Verpackungsmüll: Mit deinem Einkauf zeigst du, was dir als Verbraucher am Herzen liegt und welches Produkt du dir für die Zukunft in den Regalen wünschst. Du hast es selbst in der Hand und kannst die gelernten Grundprinzipien aus dem vorherigen Kapitel bei deinem nächsten Einkauf direkt umsetzen.

Plastiktüten, die nur 15 Minuten lang ihren Zweck erfüllen, und haufenweise Verpackungsmüll von eingeschweißten Gurken sind für viele Deutsche der Normalzustand, nachdem sie ihre Supermarkteinkäufe inklusive der schweren Wasserflaschen in ihre Wohnung gewuchtet haben. Widmen wir uns also zunächst den Chancen zur Müllreduzierung bei einem gewöhnlichen Lebensmitteleinkauf: Die Plastiktüten sparen wir uns einfach, indem wir unseren Jutebeutel für kleinere und unseren Rucksack für größere Einkäufe mitnehmen. Im Supermarkt schnappen wir uns einen Wagen oder einen Korb. Dann sieht es nicht ständig so aus, als würden wir Nudeln, Joghurt und Co. heimlich einstecken wollen. So wirken wir schon mal dem Problem von jährlich etwa 2 Milliarden verbrauchten Plastiktüten in Deutschland entgegen.[173]

Zero-Waste-Grundausstattung

Diese Gegenstände werden dir die Müllvermeidung bei Einkäufen und in anderen alltäglichen Situationen ungemein erleichtern:

- eine Trinkflasche aus Edelstahl oder Glas. In Kombination mit Leitungswasser ist sie vor allem günstig und langlebig.
- Den ewig wiederverwendbaren Jutebeutel gibt's für einen Euro an der Supermarktkasse. Er rechnet sich im Vergleich zur Plastiktüte bereits nach etwa sieben Einkäufen. Die Alternative ist das Einkaufen mit dem Rucksack.
- Immer mehr Anbieter in Supermärkten oder Bioläden ermöglichen ihren Kunden, Lebensmittel aus der Frischetheke in mitgebrachte Boxen zu füllen. Frage einfach freundlich im Supermarkt nach, wenn du zukünftig noch mehr Plastikverpackungen einsparen willst.
- Besteck aus Bambusholz oder Edelstahl. Solltest du dir Salat oder Eis kaufen, kannst du sie auch unterwegs noch müllfreier genießen, da du kein Plastikbesteck benötigst.
- Netze aus Baumwolle sind waschbar und ewig wiederverwendbar. Das bedeutet fürs Einkaufen: keine dünnen Plastik- und Papiertüten mehr für lose Tomaten, Champignons oder Äpfel.
- In Unverpacktläden, aber auch in immer mehr Bio- und Supermärkten kannst du dir lose Lebensmittel wie Müsli, Nudeln, Tee oder Mehl in Einmachgläser füllen.
- Coffee-To-go-Becher aus Edelstahl oder gepressten Reishülsen. Kein Müll mehr durch lästige Einwegbecher, die in Deutschland stündlich 320.000-mal verbraucht werden.[174]

Als Nächstes knöpfen wir uns das Mineralwasser aus der Flasche vor. Es ist nämlich nicht nur unglaublich schwer zu tragen, sondern die PET-Variante enthält sogar Mikroplastik.[175] Es ist auch ethisch bedenklich, da Großkonzerne durch die Privatisierung von Wasserquellen dazu beitragen, dass Bedürftigen das Wasser genommen wird und sogar ganze Regionen austrocknen.[176]

Die bis zu 250-mal[177] günstigere, faire und rückenschonende Alternative befindet sich bereits in deiner Wohnung: Wasser der Marke »Kraneberger«. In Deutschland genießen wir das Privileg von genießbarem, sauberem Leitungswasser aus dem Hahn. Wir können es jederzeit zu Hause anzapfen. Für unterwegs füllst du dir einfach eine wiederverwendbare Trinkflasche auf. Und wenn dir dann irgendwann das Wasser ausgeht, füllst du sie einfach mithilfe der App »Refill Deutschland« bei teilnehmenden Betrieben kostenlos wieder auf. Cool, was heute alles so funktioniert, oder?

Kann man Leitungswasser trinken? Trinkwasser ist das am strengsten kontrollierte Lebensmittel in Deutschland. Außerdem ist es frischer und gesünder als Mineralwasser aus der Plastikflasche, weil es nicht abgefüllt wird und monatelang in den Lagerhallen herumsteht. Die Stiftung Warentest untersuchte 28 Leitungswasser-Proben unterschiedlicher Regionen und stufte allesamt als unbedenklich ein.[178] Solltest du Leitungswasser dennoch für bedenklich halten, dann kannst du einfach eine Wasserprobe deines Leitungswassers von örtlichen Wasserbetrieben untersuchen lassen. Und falls dir das »Kraneberger« zu langweilig schmecken sollte, pimpst du es einfach nach Wunsch etwas mit Zitronensaft, Minzblättern oder einem Sprudelfilter.

Die Müllproblematik ist aber noch nicht gelöst. Ob Obst und Gemüse, Käse, Wurst oder Joghurt: Je größer die Lawine an Plastikmüll ist, desto größer ist auch das Potenzial, daran etwas ändern zu können. Auch wenn Käse und Wurst an sich nicht gerade klimafreundlich sind, kannst du sie dir an vielen Käsetheken im Supermarkt sowie auf dem Wochenmarkt in eine mitgebrachte Lunchbox füllen lassen und so Plastikmüll einsparen. Das mag einem zunächst ein bisschen »oldschool« und gewöhnungsbedürftig vorkommen, macht dein Einkaufsverhalten aber deutlich umweltfreundlicher.

Das meiste Obst und Gemüse gibt es sowohl verpackt als auch unverpackt. Kaufe lose Lebensmittel wie Tomaten, Pilze oder Kartoffeln in wiederverwendbaren Obst- und Gemüsenetzen aus Baumwolle. So trägst du dazu bei, dass die kostenlosen dünnen Plastiktüten und mittlerweile auch Papiertüten überflüssig werden, die in den meisten Gemüseabteilungen ihr wenig nachhaltiges Unwesen treiben. Manche Maßnahmen sind sogar noch einfacher. Kaufe zum Beispiel Bio-Joghurt im Pfandglas und Nudeln in der Pappverpackung. Auch Margarine gibt es als klimafreundlicheren Butterersatz bereits in Papier eingewickelt. Mit etwas Glück hat in deiner Nähe sogar ein Unverpacktladen eröffnet. Dort kannst du dir deine Lebensmittel ganz einfach in mitgebrachte Behälter füllen. Ein Laden, wie ihn unsere Großeltern noch von früher kennen.

Für deine Lebensmitteleinkäufe ist auch der regelmäßige Besuch des örtlichen Wochenmarkts am Wochenende zu empfehlen. Im besten Fall kannst du ihn mit dem Fahrrad oder den öffentlichen Verkehrsmitteln erreichen, an den Ständen vorbeischlendern und dort – nach einer kurzen Vorplanung deiner Mahlzeiten – all das besorgen, was du für die kommende Woche brauchst. Das ist besonders nachhaltig, weil hier die meisten Produkte sowohl regional als auch saisonal sind und du direkt mit den Biobauern in Kontakt treten kannst.

In Deutschland werden etwa 80 Prozent der Einkäufe mit dem Auto zurückgelegt - und jeder zweite Lebensmitteleinkauf wiegt weniger als 5 Kilogramm.[179] *Das Einkaufen zu Fuß, mit dem Fahrrad oder den Öffis ist definitiv die umweltfreundlichere Alternative. Auch ein Lastenrad kann bei regelmäßigen, größeren Einkäufen sinnvoll sein.*

Wie du schon in den vorherigen Kapiteln erfahren hast, stammt das in Deutschland verkaufte Obst und Gemüse oft aus dem Ausland. Das heißt zumeist, dass es in beheizten und energieintensiven Gewächshäusern unter dem Einsatz von Chemikalien und mit hohem Wasserverbrauch herangezogen wurde. Anschließend werden die Tomaten, Orangen und Co. zum Beispiel aus Spanien nach Deutschland chauffiert, wobei sie frisch gehalten werden müssen. Das ist alles andere als klimafreundlich, doch im Supermarktregal sind die spanischen und deutschen Tomaten lediglich am Produktschild zu unterscheiden. Hier lohnt es sich, genauer auf das Herkunftsland und entsprechende Bio- und Fairtrade-Siegel zu achten.

Gütesiegel für nachhaltige Lebensmittel: An diesen Labels kannst du umweltfreundliche und faire Produkte schneller erkennen

- Mit dem **Biokreis**-Siegel zeichnet der Biokreis-Verband für ökologischen Landbau und gesunde Ernährung e.V. Bioprodukte aus, die aus bäuerlicher Landwirtschaft im Sinne einer Kreislaufwirtschaft stammen. Die Prüfungskriterien gehen dabei sogar über die Auflagen für das EU-Bio-Siegel hinaus. Du findest das Biokreis-Siegel sowohl auf Fleisch- und Milcherzeugnissen, Getreideprodukten, Obst und Gemüse als auch auf Lederwaren. Mehr unter *biokreis.de.*
- Der **Bioland**-Verband zählt zu den wirkungsmächtigsten ökologischen Anbauverbänden in Deutschland und Südtirol. Auch seine Kriterien für Bioerzeugnisse gehen weiter als die der EG-Öko-Verordnung. Produktions- und Futtermittel stammen beispielsweise weitgehend aus eigenem Betrieb und erkrankte Tiere müssen bevorzugt naturheilkundlich behandelt werden. Mehr unter *bioland.de.*
- **Demeter** steht für die nachhaltigste Anbauweise von Lebensmitteln, die langfristig die Bodenfruchtbarkeit sichert und die natürlichsten und wertvollsten Lebensmittel hervorbringt – ohne Turbo-Mast in einem fairen, geschlossenen Kreislauf: Das Futter von der Wiese kommt in den Stall und gelangt in Form des entstehenden Mistes als Dünger auf den Acker. Mehr unter *demeter.de.*
- Europaweit erhalten das bekannte **EU-Bio-Siegel** Bioprodukte und Lebensmittel, die im Sinne des ökologischen Landbaus hergestellt wurden. Das heißt zum Beispiel, dass Tiere artgerecht gehalten, gefüttert und Lebensmittel umweltschonend verarbeitet werden. Mindestens 95 Prozent der Zutaten verarbeiteter Lebensmittel müssen aus dem ökologischen Landbau stammen. Mehr unter *oekolandbau.de/bio-siegel.*
- Mit dem **Fairtrade**-Siegel werden fair angebaute und gehandelte Produkte ausgezeichnet, bei denen alle Zutaten zu 100 Prozent physisch rückverfolgbar aus fairem Handel stammen. Bei der Herstellung müssen entscheidende soziale, ökologische und ökonomische Kriterien erfüllt werden. Mehr unter *fairtrade-deutschland.de.*

- Das **MSC**-Siegel zeichnet Fische und Meeresfrüchte aus nachhaltiger Fischerei aus. Das bedeutet zum Beispiel, dass nur Fangmethoden eingesetzt werden, die dazu beitragen, dass die biologische Vielfalt im Meer nicht gefährdet wird. Einmal im Jahr werden die entsprechenden Fischereibetriebe von unabhängigen Gutachtern kontrolliert. Mehr unter *msc.org*.
- Mit dem **Naturland**-Label werden weltweit Bioprodukte unter extrem strengen Richtlinien zertifiziert, die über die des EU-Bio-Siegels hinausgehen. So dürfen Tiertransporte nur maximal acht Stunden dauern und mindestens die Hälfte des Futters muss im eigenen Betrieb hergestellt werden. Mehr unter *naturland.de*.
- Produkte, die ohne gentechnische Verfahren hergestellt wurden, erhalten dieses Label des »Lebensmittel ohne **GenTechnik** e.V.«. Pflanzliche Lebensmittel dürfen bis zum Bestimmungsgrenzwert von 0,1 Prozent je Zutat keine gentechnisch veränderten Bestandteile enthalten. Bei tierischen Erzeugnissen wird bei der Fütterung innerhalb von strengen Fristen auf gentechnisch veränderte Futterpflanzen verzichtet. Futtermittel dürfen maximal bis 0,9 Prozent Beimischungen von GVO enthalten, sofern diese zufällig oder technisch unvermeidbar sind. Mehr unter *ohnegentechnik.org*.
- Mit dem **V-Label** zeichnet der ProVeg e.V. vegane und vegetarische Lebensmittel aus. Bei der Kontrolle wird sogar darauf geachtet, dass die Betriebe bei der Herstellung nichtveganer Produkte ihre Maschinen gründlich reinigen. Mehr unter *v-label.eu*. Alternativ erkennst du vegane Produkte auch am »Vegan-Label«« der veganen Gesellschaft Deutschland e.V, an der »Veganblume« der Vegan Society England sowie am PETA-Approved Vegan-Logo der Tierschutzorganisation PETA.
- Das **Regionalfenster** bescheinigt dir als Verbraucher, wo ein Lebensmittel herkommt, wo es verarbeitet wurde und bei verarbeiteten Produkten sogar, wie hoch der regionale Rohstoffanteil ist. Mehr unter *regionalfenster.de*.

▸ Das **Tierschutzlabel** »Für mehr Tierschutz« ist eine freiwillige Kennzeichnung von tierischen Lebensmitteln, die auf allen Stufen mindestens zweimal im Jahr auf sehr strenge Tierschutzstandards bezüglich Haltung, Schlachtung und Verarbeitung kontrolliert wird. Mehr unter *tierschutzlabel.info*.

Konzentriere dich auf fair gehandelte, regionale und saisonale Bio-Lebensmittel, denn damit unterstützt du in der Regel die Bauern, die ihre Lebensmittel ökologisch anbauen. So wirkst du auch noch vielen anderen der bereits behandelten Umweltprobleme entgegen. Ein richtig schönes Beispiel dafür sind Demeter-Lebensmittel, die in einem geschlossenen, natürlichen Kreislauf erzeugt werden.
An leckere Lebensmittel kannst du aber nicht nur durch den Kauf, sondern auch durch Zero-Waste-Konzepte gelangen. Beispielsweise bietet dir das »Foodsharing« die Chance, Lebensmittel aus Bäckereien, Supermärkten oder Restaurants zu retten, zu teilen und vor allem kostenlos zu genießen. Von einem »Einkauf« kann man daher gar nicht mehr sprechen. Schließlich kannst du auf diese Weise nicht nur deine eigene Lebensmittelverschwendung reduzieren, sondern auch dafür sorgen, dass andere Menschen weniger Lebensmittel in die Tonne werfen.

Frisch vom Biobauern

Bei vielen Biobauern kannst du deine Lebensmittel direkt bestellen, sogar auf hofeigenen Webseiten. Bei bioland.de gibt es eine schöne Übersicht mit den entsprechenden Anbietern. Du kannst auch mit Freunden oder Nachbarn eine kleine Gemeinschaft gründen und regelmäßig Sammelbestellungen aufgeben. Das ist besonders dann eine coole Alternative, wenn kein Wochenmarkt in deiner Nähe ist. Die lokale Gemeinschaft »Marktschwaermer.de« ist dabei sehr zu empfehlen, da sie Verbraucher und regionale Erzeuger zusammenbringt.

Was ist Foodsharing?

Die Initiative hat sich als Ziel gesetzt, ungewollte und überproduzierte Lebensmittel in privaten Haushalten sowie von kleinen und großen Betrieben zu retten, bevor sie in die Mülltonne wandern. Als Teil der Community profitierst du unter anderem von kostenlosen Lebensmitteln und kannst gleichzeitig dem bildungspolitischen Auftrag nachkommen, Menschen im Kampf gegen Lebensmittelverschwendung zu sensibilisieren. In der Online-Community von foodsharing.de sind alle »Foodsharer« und »Foodsaver« miteinander vernetzt und können ganz einfach Abholungen und andere Aktivitäten abstimmen. Zum Zeitpunkt, während wir an diesen Zeilen schreiben, hat die werbefreie und nicht kommerzielle Initiative bereits 33.072.277 Kilogramm an Lebensmitteln erfolgreich vor der Tonne gerettet.[180]

Ob gratis oder im Tausch gegen dein wohlverdientes Geld: Am Ende geht es darum, den Werdegang von Lebensmitteln zu respektieren und sie nicht achtlos wegzuwerfen. Achte deshalb schon vor dem Weg zum Supermarkt darauf, welche Lebensmittel du noch vorrätig hast. Besonders direkt beim Einkaufen kannst du die weitere Grundlage gegen deine eigene Lebensmittelverschwendung legen. Schließlich lässt uns der Supermarkt die ganze Kunst der modernen Werbepsychologie spüren, während wir durch seine prall gefüllten Gänge schlendern. Sonderangebote mit XXL-Packungen oder »Drei zum Preis von zwei«-Schildern lassen Produkte günstiger erscheinen. Am Ende kaufen wir mehr, als wir überhaupt essen können – deshalb solltest du niemals hungrig einkaufen gehen. Es lohnt sich, den riesigen und so traurig-leeren Einkaufswagen durch einen viel kleineren Einkaufskorb zu tauschen. So hast du nicht ständig das Gefühl, zu wenig eingeladen zu haben. Den psychologischen Tricks der Supermärkte kannst du noch einfacher ausweichen, indem du nur die Dinge kaufst, die auf deinem Einkaufszettel stehen. Dinge, die du tatsächlich brauchst.

Denke daran, dass das Mindesthaltbarkeitsdatum auf den Lebensmittelverpackungen nur ein netter und rechtlich absichernder Hinweis des Herstellers ist. Im Regelfall kannst du auch noch weit darüber hinaus diese Lebensmittel genießen. Die aufgedruckten Zahlen bedeuten lediglich »mindestens haltbar bis« und nicht »sofort tödlich ab«. Vertraue lieber mehr auf deine Sinne – rieche, taste und sieh dir die Lebensmittel genau an. Wenn du ohnehin Eingekauftes noch am selben Tag verkochst, kannst du ruhig mal eine Tomate kaufen, die schon etwas »angeditscht« ist, und sie so vor der Mülltonne retten.

Wusstest du, dass sich manche Lebensmittel, wie zum Beispiel Ingwer, auch einfach auf der Fensterbank vermehren lassen? Das Internet ist voll von simplen Anleitungen. So vermeidest du ständige »Neukäufe«.

Wusstest du, dass das Start-up »etepetete« ganz bewusst Kartoffeln, Möhren, Zwiebeln oder Gurken verkauft, die eher ungewöhnlich aussehen? Unförmige Lebensmittel finden meistens nicht den gewünschten Weg in den Supermarkt, da die Mehrzahl der Kunden nur aufs Äußere achtet. Ganz schön oberflächlich, oder? Die Lebensmittel, die nicht der vermeintlichen Norm entsprechen, sind nicht weniger lecker als die perfekt Geformten. Indem du solche Projekte unterstützt oder einfach grundsätzlich unförmiges Obst und Gemüse kaufst, wird dein Lebensmitteleinkauf noch nachhaltiger.

Nachhaltig einkaufen durchs Smartphone

Zu Beginn kann das bewusst umweltfreundliche Einkaufen etwas anstrengend sein. Apps auf deinem Smartphone erleichtern dir diese Umstellung. Die »CodeCheck«-App zur Vermeidung von Produkten mit Palmöl und Mikroplastik kennst du ja bereits. Und mit der App »Too Good To Go« bewahrst du leckere Gerichte aus Restaurants oder Lebensmittel aus Bäckereien und anderen Betrieben vor der Mülltonne – für einen sehr moderaten Preis. Lokal einkaufen, Betriebe fördern, Lebensmittelverschwendung reduzieren und Geld sparen war selten einfacher. Laut eigenen Angaben hat das Unternehmen hinter der App etwa 36.289.203 Mahlzeiten gerettet und dadurch 90.723 Tonnen CO_2 eingespart.[181]

Ob bei der Planung deiner Einkäufe, der Anfahrt zum Markt, deinem Einkaufsverhalten selbst oder bei der Vermeidung deiner persönlichen Lebensmittelverschwendung – die umweltfreundliche Beschaffung von Lebensmitteln ist auf viele Arten möglich. Jedes Mal, wenn du dir Lebensmittel kaufst, stimmst du dafür ab, was du auch in Zukunft gerne in den Regalen vorfinden willst. Die Nachfrage spielt die Musik – oder macht das Angebot.

Werde zum Selbstversorger

Hast du schon einmal darüber nachgedacht, wie cool es wäre, die wichtigsten Lebensmittel einfach aus dem eigenen Garten oder vom Balkon zu ernten? So könnten glänzende Tomaten, knackiger Salat und leckere Radieschen ohne den Umweg »Supermarkt« auf deinen Teller gelangen. Frisch, nachhaltig und 100 Prozent unbedenklich. Dazu sind sie extrem günstig, wenn auch nicht völlig kostenlos – lehrreich ist der Selbstanbau von Obst und Gemüse allemal. Und Lebensmittel der Marke »Eigenproduktion« schaffen auch das großartige, stolze Gefühl, etwas geschafft und Neues gelernt zu haben.

Selbst ohne Garten oder Balkon kann man sich in kleinem Rahmen selbst versorgen, zum Beispiel mit Kräutern auf dem Fensterbrett oder einer Wand mit essbarem Grün. Auch Gemeinschaftsgärten erfreuen sich immer größerer Beliebtheit: Auf diese Weise kannst du frische, natürliche Lebensmittel anpflanzen und von anderen lernen. Eine weitere Alternative für Garten- und Balkonlose ist die sogenannte »Solidarische Landwirtschaft« (kurz: SOLAWI). Dabei legen private Haushalte etwas Geld zusammen, um die Kosten eines landwirtschaftlichen Betriebs zu decken. Als Gegenleistung erhalten sie den ökologisch produzierten Ernteertrag. Übrigens kann auch das Retten der Früchte öffentlicher Obstbäume ein nachhaltiger Teil der Selbstversorgung sein. Die Organisation »Mundraub.org« stellt uns dafür eine wunderbare digitale Landkarte zur Verfügung, auf der deutschlandweit öffentliche Obst- und Nussbäume sowie Kräuter eingetragen sind. Denn ob Heidel- oder Johannisbeeren, Pfifferlinge oder Steinpilze – auch in unseren Wäldern wachsen wertvolle Wunder.

Nachhaltig essen im Restaurant

Die Zeiten, in denen regionale, saisonale, vegetarische oder vegane Gerichte in Restaurants auf einer eingestaubten Extrakarte standen, sind längst vorbei. Mit dem »Klimateller« gibt es sogar ein Prädikat des deutschen Bundesumweltministeriums, das nachhaltige Gastronomie auszeichnet und somit einen besonderen Nachhaltigkeitsanreiz für Restaurantbetreiber schafft. Selbst wenn du mal nicht direkt fündig wirst, solltest du dich nicht scheuen, bei den Mitarbeitern nachzuhaken. Unserer Erfahrung nach zaubern engagierte Gastgeber spontan Gerichte aus dem Hut, mit denen du absolut nicht gerechnet hättest. Um auf Nummer sicher zu gehen, kannst du aber auch mit Apps wie »Happy Cow« in Windeseile auf pflanzliche Mahlzeiten spezialisierte Restaurants finden und deine Erfahrungen anschließend mit anderen Nutzern teilen. Wenn du ein noch nicht eingetragenes Restaurant mit einem vielfältigen veganen oder vegetarischen Angebot entdeckst, kannst du es anderen Nutzern der App weiterempfehlen.

Aufbewahrung

Wenn uns die Natur schon leckere Lebensmittel schenkt, dann sollten wir auch respektvoll mit ihnen umgehen. Zum Beispiel, indem wir sie möglichst lange haltbar machen, um möglichst wenig davon zu verschwenden. Letzteres ist ja schließlich einer der Gründe, dass noch so viele Menschen auf unserem Planeten hungern müssen. Nachdem deine Einkäufe den Weg in deine Küche oder »Speisekammer« gefunden haben, stehen dir zum Glück unzählige Türen offen, diesem Verschwendungsproblem gezielt entgegenzuwirken.

Fangen wir direkt mit dem Haushaltsgerät an, das uns alle wie magisch anzieht, sobald wir mit den Einkäufen nach Hause kommen: dem Kühlschrank. Er ist das Herzstück einer guten Küche und hält unsere Lebensmittel länger kalt und frisch. Um eine permanente Kühlung zu gewährleisten, benötigt er dauerhaft Strom. Damit deine Stromrechnung nicht aus allen Nähten platzt, kannst du direkt Einfluss darauf nehmen, wie viel Saft dein Kühlschrank schlürft. Zum Beispiel, indem du ihn in sicherer Entfernung zu sonnigen Fenstern oder der Heizung platzierst und ihn so vor unnötigem Dauerstress schützt. Da das Wasser in Lebensmitteln Kälte besser speichert als Luft und sie so fast wie eigenständige Kühlakkus wirken, benötigt dein Kühlschrank weniger Energie und hält länger kalt.[182] Das heißt: Je voller er ist, desto energiesparsamer ist er auch. Natürlich sollst du ihn nicht mit mehr Lebensmitteln zustopfen, als du überhaupt benötigst. Wir meinen damit, dass du die Größe deines Kühlschranks möglichst genau an den Bedarf deines Haushalts anpassen solltest. Denke auch daran, dass du die Tür immer nur möglichst kurz aufstehen lässt, damit keine Kälte hinaus- und Raumwärme hineingelangt. »Erst überlegen und dann handeln« ist vor der Kühlschranktür eine sinnvolle Grundregel.

Lasse warme Mahlzeiten immer außerhalb des Kühlschranks abkühlen und stelle sie erst einige Minuten später hinein. Sonst kämpft dein Kühlschrank unter hohem Energieeinsatz unnötig hart gegen die Wärme an.

Entscheidender für die Haltbarkeit von Lebensmitteln ist auch die richtige Einordnung in die jeweiligen Kühlschrankfächer. Die ist deshalb so wichtig, da im Grunde jedes Fach eine andere Temperatur hat. Diese reicht, abgesehen vom Gefrierfach, von etwa 2 Grad im unteren Kühlschrankfach bis zu 10 Grad in der Obst- und Gemüseschublade. Da es in Letzterer verhältnismäßig warm ist, herrschen dort ideale Bedingungen für Blumenkohl, Kirschen, Möhren und ähnliches Gemüse. Um stets den Überblick zu behalten, wird dir die folgende Grafik weiterhelfen.

So ordnest du deinen Kühlschrank lebensmittelschonend ein:[183]

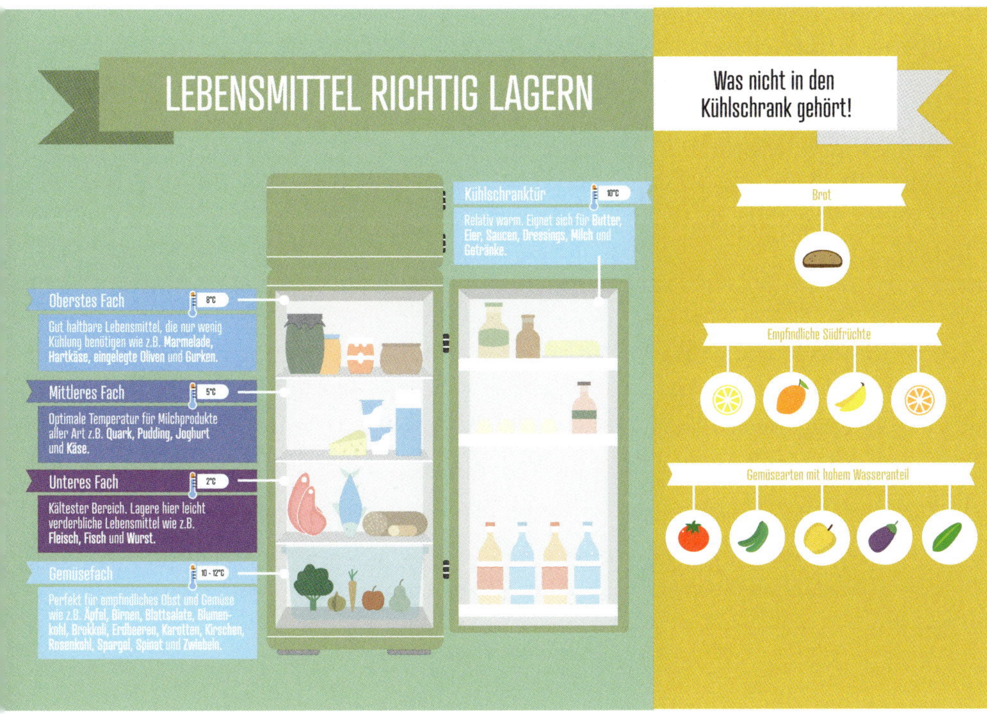

Doch nicht alle Lebensmittel mögen die Kälte im Kühlschrank. Brot, Zitronen oder Äpfel halten sich gerne länger bei Zimmertemperatur auf, zum Beispiel im Küchenschrank oder in der Speisekammer – genau wie Tomaten, die durch den Aufenthalt im Kühlschrank nur unnötig an Aroma verlieren und deutlich schneller zu schimmeln anfangen.[184] Um Lebensmittel länger frisch zu halten, nutzen die meisten Menschen Frischhaltefolie aus Plastik oder gewöhnliche Alufolie. Beides landet am Ende in der Mülltonne, sobald es nicht mehr gebraucht wird. Viele wissen gar nicht, dass mit Wachstüchern, biegsamen Silikondeckeln oder der Edelstahl-Lunchbox deutlich ressourcenfreundlichere, weil ewig wiederverwendbar, Alternativen für die Aufbewahrung und den Transport existieren. Müllvermeidung ist damit so unglaublich leicht – und bereitet auch deinem Portemonnaie Freude.

Wenn du Lebensmittel wie Äpfel, Paprika, Möhren, Kartoffeln oder Brokkoli etwas länger als nur ein paar Tage entbehren kannst, dann solltest du sie einfrieren, einlegen, räuchern, trocknen, vakuumieren, in Essig oder Alkohol einlegen oder fermentieren (siehe auch S. 205). Wie du merkst, stehen uns bei der klimafreundlichen Aufbewahrung von Lebensmitteln wirklich unzählige Möglichkeiten zur Verfügung. Versuche sie einfach nach und nach auszuprobieren, um stetig dazuzulernen.

Fermentation – was ist das? Wer Lebensmittel fermentiert, macht sie mit einer uralten Methode über Jahre haltbar. Dabei werden Lebensmittel mit einer Salzschicht oder Salzlake versehen und in ein abgedecktes Gefäß gefüllt, zum Beispiel ein Einmachglas. Auf diese Weise entsteht ein Milieu, in dem sich Milchsäure bildet und schließlich gärt, schlechte Bakterien bleiben durch diesen Prozess inaktiv. Die Gärung trägt dazu bei, dass viele neue Nährstoffe entstehen. Und genau diese Art des Haltbarmachens macht fermentierte Lebensmittel so gesund.[185]

Kochen

Freunde und Feinde der Klimaküche? Check. Möglichst nachhaltig einkaufen? Check. Lebensmittel länger haltbar machen? Check. Hey, jetzt haben wir es fast geschafft! Der herrliche Duft der ersten klimafreundlichen Gerichte liegt förmlich schon in der Luft. Alles, was jetzt noch fehlt, sind ein paar Basics rund um das nachhaltige Kochen. Dazu zählen neben den Rezepten natürlich auch die Verarbeitung der Lebensmittel, der Energie- und Wasserverbrauch bei der Zubereitung sowie die Entsorgung der Reste und das Putzen der Küche. In all diesen Bereichen hast du die Möglichkeit, deine eigene Klimabilanz zu beeinflussen. Aber der Reihe nach.

Zunächst einmal kannst du kaputte Küchenutensilien aus Plastik durch langlebige Alternativen aus Edelstahl oder Holz ersetzen. Selbst wenn die Anschaffung neuer Utensilien kurzfristig teuer erscheint, ist sie bei guter Behandlung auf lange Distanz selbstverständlich kostengünstiger – und du produzierst weniger Müll. Lasse dich da also nicht abschrecken, Qualität setzt sich am Ende immer durch. Denke lieber minimalistisch und versuche, deine Gerätschaften in der Küche auf das Nötigste zu reduzieren. Niemand braucht 40 unterschiedliche Küchengeräte.

Wenn du nachhaltig kochen willst, solltest du natürlich zuerst die Lebensmittel zu Mahlzeiten verbrauchen, die sich nicht mehr allzu lange halten oder von vorherigen Kochaktionen übrig sind. Inspiziere deshalb regelmäßig deinen Kühlschrank. Und wasche deine Fundstücke lieber in einem Topf mit Wasser und nicht unter laufendem Hahn, um Wasser zu sparen. Gemüse- oder Fleischreste kannst du zum Beispiel ganz leicht vor der Tonne bewahren, indem du sie mit anderen Lebensmitteln zu einem Salat verarbeitest. Sei stark, so verlockend andere griffbereite, langlebigere und vielleicht einfachere Gerichte auch sein mögen.

Bevor du harte Brote oder Baguettes im Biomüll entsorgst, haben wir noch einen coolen Tipp für dich: Mache dir daraus knusprige Brotchips. Einfach in dünne Scheiben schneiden, mit Olivenöl bepinseln und bei 200 °C etwa 10 Minuten im Backofen goldbraun backen. Guten Appetit!

Da der enorme Ressourcenaufwand für unsere Ernährung auch mit einem Energieverbrauch in der Küche einhergeht, ist dort das Einsparpotenzial groß. Echte Stromfresser lassen sich ganz einfach auf Diät setzen. Wenn du dir zum Beispiel Pasta machst, dann ist es deutlich energieeffizienter, das Nudelwasser im Wasserkocher vorzukochen und erst dann in den Topf zu gießen. Oder du legst den Deckel auf den Kochtopf, um das Wasser auf dem Herd aufzukochen. Schalte grundsätzlich wärmeintensive Geräte wie Herd oder Backofen ruhig schon etwas früher ab, um ihre Nachwärme zu nutzen. Wer sich schon einmal die Finger auf der Herdplatte verbrannt hat, weiß, dass sie nicht von jetzt auf gleich erkaltet. Auch so schonst du dein Energiekonto.

Auch Lebensmittel aus dem Gefrierfach sind besonders wichtig beim Thema Energieverbrauch. Gerade Fleischprodukte solltest du lieber am Vorabend in die kühleren Kühlfächer umquartieren, damit sie in Ruhe auftauen können. Die Mikrowelle kommt sonst völlig aus der Puste, wenn sie gegen das frostig-kalte Fleisch ankämpft. Beim Tiefkühlgemüse ist das natürlich deutlich simpler, das kannst du direkt in der Pfanne erhitzen. Apropos Gemüse: Möhren, Zitronengras und andere Lebensmittel lassen sich auch dämpfen. So bleiben meist mehr Vitamine erhalten und du sparst sowohl Energie als auch Wasser.

Deine Stromsparmaßnahmen sind nicht wirklich effektiv für Klima und Umwelt, solange der Strom aus Kohle- oder Atomkraftwerken entspringt. Ein Wechsel zu einem Ökostrom-Anbieter dauert heute nur noch wenige Minuten und generiert deinen Strom aus erneuerbaren Quellen wie Wind-, Wasser- und Solarkraft.

Du weißt aus eigener Erfahrung, wie die Arbeitsplatte in der Küche nach dem Kochen mit Lebensmittelresten, Tomatensoßespritzern und schmutzigem Küchenbesteck einem Schlachtfeld gleicht. Ob es um das Putzen geht oder das Entsorgen, hier schlummert ein Füllhorn an Möglichkeiten, das wir für die klimafreundliche Küche nutzen können.

Um den Wasserverbrauch zu reduzieren, solltest du die Spülmaschine anstelle der Handwäsche nutzen und sie möglichst voll machen, bevor du sie anstellst. Aus je 300 Gramm Zitronensäure, Soda, Natron und etwa 125 Gramm Spülmaschinensalz kannst du das Reinigungspulver dafür sogar selbst zusammenstellen.[186] Und wenn du lediglich einen Teller schnell abspülen willst, zauberst du dir ein Geschirrspülmittel aus Efeublättern. Die gibt es sicherlich gleich irgendwo bei dir um die Ecke, an einer Garage oder einem großen Baum. Einfach zerschneiden, 5 Minuten in heißem

Wasser aufkochen, abkühlen und in eine Glasflasche füllen. Schon schäumt und reinigt es deinen Teller. Tipp: Am besten in Kombination mit einer langlebigen Spülbürste aus Holz und Agavefasern verwenden.

Auch langlebige Scheuerschwämme und Topfkratzer gibt es auf pflanzlicher Basis – zum Beispiel aus Kokos- oder Bambusfasern.

Klassische Haushaltshelfer, die schon unsere Großeltern genutzt haben, sind in der Klimaküche ebenfalls willkommen: Die Allzweckwaffe Natron wirkt zum Beispiel geruchsneutralisierend, kalk- und fettlösend. Deshalb kannst du sie als Scheuermilch gegen Gerüche aus dem Mülleimer, als Backofen- oder Abflussreiniger und für vieles mehr einsetzen. Aus 1 Esslöffel Zitronensäure und einem halben Liter Wasser lässt sich in Sekundenschnelle ein Glasreiniger zaubern, um die Herdplatte zu reinigen. Du merkst schon: Man braucht keine ellenlange Liste an Reinigungsmitteln – einige wenige Küchenklassiker reichen schon aus!

Weiter geht's mit den Überbleibseln auf dem Schlachtfeld. Ungenießbare Essensreste solltest du, unabhängig von ihrem Verarbeitungszustand, ohne Plastikverpackung in der Biotonne entsorgen.[187] Ein Komposthaufen für deinen Biomüll ist auch sinnvoll, obwohl du tierische und bereits gekochte Essensreste nicht darauf werfen solltest, da sie Ungeziefer anlocken. Mit etwas Geduld kannst du daraus fruchtbare Erde für den Anbau frischer Lebensmittel gewinnen. Das geht übrigens auch ohne einen eigenen Garten mithilfe einer Wurmkiste, die du entweder selber bauen oder als fertiges Set kaufen kannst. Dort wirfst du dann einfach die ungenießbaren Reste von Möhren, Salatblättern oder Kartoffeln hinein. Regenwürmer zersetzen den Biomüll für dich und du sparst dir den Weg zur Biotonne.

> Radieschenblätter solltest du nicht achtlos wegwerfen. Mit Olivenöl, Salz und Pfeffer, ein paar Sonnenblumen- und Pinienkernen sowie etwas Zitronensaft kannst du daraus ein richtig leckeres Pesto zaubern.

Klimafreundlich grillen

Wir Deutschen sind echte Grillmeister und brutzeln, was das Zeug hält. Viele wissen aber gar nicht, dass die Holzkohle zahlreicher Anbieter aus Tropenhölzern besteht. Laut einer Studie aus dem Jahr 2016 steckte in 64 Prozent der verkauften Grillkohle in Deutschland Tropenholz.[188] Eine sinnvolle, nachhaltige Alternative ist zum Beispiel Grillkohle aus Maiskolben, ein biologisch abbaubares Abfallprodukt aus der Maisernte. Die nachhaltige Kohle brennt wunderbar und vermeidet die überflüssigen Importe von verkohlten Tropenhölzern. Anzünden kannst du deinen Grill mit biozertifizierter Holzwolle und Wachs aus der Papiertüte. Kein Plastikmüll, kein gefährlicher Spiritus. Und glaube nicht, dass das bewusstere Grillen mit etwas weniger Fleisch zu langweilig sein könnte. Champignons mit Fetakäse-Füllung, Tofugeschnetzeltes, knackige Paprika- und Zucchinistreifen oder ein saftiges Soja- oder Seitan-Steak klingt auch gut, oder? Die Auswahl an leckeren, veganen und vegetarischen Würstchen oder Steaks aus Zutaten wie Soja, Weizen, Eiern oder Rapsöl sind mittlerweile riesig. Einfach zubeißen und Vorurteile übergehen.

Klischees abfrühstücken

»Man kann nicht plastikfrei einkaufen, das geht heutzutage gar nicht mehr.«

Weil vieles in unserem Alltag aus Plastik besteht, ist es gar nicht so einfach, das stimmt. Doch das ist keine Ausrede, um überhaupt nicht auf Müllvermeidung zu achten. Der Begriff »plastikfrei« klingt, zugegeben, als ob du von jetzt auf gleich nichts mehr mit Plastik zu tun haben wirst. Doch tatsächlich handelt es sich dabei um ein langfristiges Ziel, zu dem du dich Schritt für Schritt hinarbeiten kannst. Erst ersetzt du zum Beispiel Plastik-Strohhalme durch Glas-Strohhalme. Einige Zeit später tauschst du gekaufte Plastiktüten durch einen wiederverwendbaren Jutebeutel. So entwickelst du dich langsam, aber gezielt weiter und reduzierst den Kunststoff in deinem Alltag Stück für Stück.

»Efeu ist doch giftig – da mache ich doch kein Spülmittel draus!«
Vor allem ältere Efeusträucher sind giftig, das stimmt. Du sollst aber auch keine Blätter und Beeren essen – und schon gar nicht das fertige Spülmittel trinken! Das machst du mit dem chemischen Pendant aus der Drogerie mit all seinen Phosphaten und Tensiden auch nicht, oder? Die sind nämlich genauso giftig. Stelle einfach sicher, dass dein Geschirr nach der Nutzung des Efeu-Spülmittels immer noch einmal mit Wasser abgespült wird. Dann bleibt es definitiv gesundheitlich unbedenklich.

»Strom ist Strom, egal, ob er durch Windräder oder Kohlekraft erzeugt wird.«
Ob Strom aus erneuerbaren Energien oder Kohlekraft stammt – Toaster, Kühlschrank und Hochleistungsmixer laufen am Ende genauso gut. Auf den ersten Blick ist Strom also tatsächlich gleich Strom. Auf den zweiten Blick hinterlässt Kohlestrom leider im Rahmen des Tagebaus metertiefe Krater und vernichtet landwirtschaftliche Nutzflächen und ganze Ortschaften. Noch entscheidender tragen die Kraftwerke zum Klimawandel bei, indem neben Schwermetallen, Quecksilber und Dioxinen auch große Mengen an CO_2 freigesetzt werden. Wir gefährden also unsere Gesundheit und zerstören unseren Planeten, obwohl uns mit Wind-, Solar- und Wasserkraft bereits endlose Alternativen zur Stromproduktion vorliegen. Indem du Strom aus erneuerbaren Energien beziehst, spürst du in der Küche vielleicht keinen Unterschied – dafür aber in der Natur.

»Es ist doch total unmännlich, nur Obst und Gemüse auf den Grill zu legen.«
Zwei saftige Stücke Rindersteak, drei Bratwürste und ein Fleischspieß müssen auf dem Grill eines Mannes brutzeln. So suggerieren es uns zumindest viele Fleisch- und Grillwerbespots. Doch das ist nichts anderes als industrielles Marketing, es basiert nicht auf der Realität, sondern erzeugt eine Scheinwelt. Tatsächlich hat es die Industrie aber auf diese Weise geschafft, dass wir uns einen Mann am Grill ohne brutzelnde Steaks und Würste nur schwer vorstellen können. Doch wie du weißt, ist die Fleischproduktion mit allem, was dazugehört, eine Gefahr für unsere Umwelt und unsere Gesundheit. Es hat auch etwas mit Männlichkeit zu tun, sich dem bewusst zu sein und Einsatz für den eigenen Planeten zu zeigen. Grillen mit Fleisch ist genauso wenig männlich, wie es unmännlich ist, Sojawürstchen oder ein Seitan-Steak auf den Grill zu legen.

»Wege entstehen dadurch, dass wir sie gehen.« *Franz Kafka*

Rezepte

Bevor es losgeht:

- Wir haben bei unseren Rezepten bewusst keine genauen Angaben zur Verwendung von Salz und Pfeffer gemacht. Sowohl der Salzkonsum als auch die Geschmackswahrnehmung sind sehr individuell und variieren stark. Verwende beim Kochen lieber etwas weniger Salz und Pfeffer und würze dann beim Essen nach.
- Unsere Rezepte kannst du beliebig anpassen – sie sollen dir vor allem als Inspirationsquelle dienen. Vielleicht magst du keinen Brokkoli? Dann lass ihn einfach weg oder ersetze ihn mit deinem Lieblingsgemüse! Nichts muss, alles kann.
- Heutzutage stößt ein durchschnittliches Gericht 1.583 Gramm CO_2 aus. Die Gerichte in unserem Buch liegen alle unter 500 Gramm CO_2 und viele sogar unter 200 Gramm CO_2.
- Die Werte aus der CO_2-Rechnung sind Durchschnittswerte, weshalb sie natürlich etwas verzerrt sein können. Wir nutzen die CO_2-Werte, die beispielsweise auch Gemüse und Obst enthalten, das außerhalb der Saison in Treibhäusern produziert und nach Deutschland transportiert wird. Wenn wir allerdings saisonales und regionales oder sogar selbst angebautes Gemüse essen, sind die CO_2-Werte noch niedriger als in den Angaben.
- In manchen Rezepten handelt es sich auch aufgrund noch fehlender Daten um Schätzwerte. Zum Beispiel sind die CO_2-Werte für Champignons, Tomaten oder Paprika laut Datenlage relativ hoch. Wenn sie allerdings regional, saisonal, aus biologischem Anbau und möglichst verpackungsarm gekauft werden, relativieren sich die CO_2-Emissionen deutlich. Je nach Zubereitungsform sind natürlich noch die Emissionen für die Zubereitung miteinzubeziehen.
- Die Daten werden regelmäßig aktualisiert und unterliegen dadurch Schwankungen. Sie sind allerdings trotzdem ein wertvoller Vergleichswert, der dir ein ungefähres Gefühl dafür gibt, wie viel CO_2 für ein Lebensmittel ausgestoßen wird. Alle Werte entstammen der Klimateller-App und unterliegen dem sogenannten Eaternity-Score, der auf wissenschaftlichen Lebenszyklus-Analysen beruht. Die Datenbank wird laufend von Wissenschaftlern der Züricher Hochschule für Angewandte Wissenschaft (ZHAW), der Universität Zürich (UZH), der Eidgenössischen Technischen Hochschule Zürich (ETH Zürich), dem Forschungsinstitut für biologische Landwirtschaft (FiBL), Quantis und anderen Institutionen gepflegt. Zudem sei gesagt, dass 100 Gramm bei manchen

Lebensmitteln sehr viel und bei anderen extrem wenig ist. Vom Rindfleisch hat man meist 500 Gramm auf dem Teller, von Möhren eher nur 50 Gramm. Mit der Klimateller-App kannst du dir das Abwägen sparen und eine grammgenaue Klimawirkung aller Zutaten deines Essens errechnen.

- Folgende Zutaten sind nicht in der Datenbank für die CO_2-Äquivalente vorhanden. Dementsprechend sind sie nicht in der CO_2-Rechnung enthalten:

  Apfelmus, Bockshornkleesamen, Crema di Balsamico, Gemüsebrühpulver, geschälte Hanfsamen, getrocknete Steinpilze, getrocknete Tomaten, Hefeflocken, Kala Namak, Kichererbsenwasser, Marzipan, Piment, Pimentkörner, Radieschensprossen, Ras el-Hanout, Rauchsalz, Semmelbrösel, Tahini, Tomatenmark, Trockenhefe, Vanillepuddingpulver, Vanillezucker, veganer Streukäse, veganer Tortenguss, Wildkräuter.

Frühling

Carrot Cake Porridge

340 g CO_2

Da es im Frühling kein regionales Obst gibt, kannst du gerne auf Trockenfrüchte, Kerne oder Nüsse ausweichen. In diesem Rezept gibt es noch zusätzliche Vitamine und Frische durch die Möhren.

1 PORTION
15 MINUTEN

- 50 g Möhren
- 300 ml Sojamilch
- ½ TL gem. Ceylon-Zimt
- 1 Prise frisch geriebene Muskatnuss
- 1 Prise gem. Piment
- 1 Prise gem. Nelken
- 1 Prise Salz
- ½ TL Rohrohrzucker (optional)
- 75 g Hirseflocken
- 3 EL Rosinen
- 1 EL Walnusskerne
- 1 TL geraspelte Mandeln (optional)

1. Möhren waschen, abtrocknen, schälen und fein raspeln.
2. Sojamilch in einem Topf erhitzen, Zimt, Muskat, Piment, Nelke, Salz und Zucker hinzufügen und aufkochen lassen.
3. Hirseflocken und 2 EL Rosinen hinzufügen, kurz aufkochen und Hitze auf niedrige Stufe reduzieren.
4. Unter gelegentlichem Rühren ca. 10 Minuten köcheln lassen.
5. Mit den restlichen Rosinen, Walnusskernen und geraspelten Mandeln garnieren.

Dieses Gericht ist glutenfrei. Alternativ können Haferflocken und Hafermilch statt Hirseflocken und Sojamilch verwendet werden.

Haferrührei

411 g CO_2

1 PORTION
30 MINUTEN

75 g zarte Haferflocken
1 Stück Lauch (5 cm dick)
1 Knoblauchzehe
75 g Champignons
1 EL Rapsöl
½ TL gem. Kurkuma
½ TL indisches Kala Namak (Schwarzsalz)
¾ TL Paprikapulver (edelsüß)
schwarzer Pfeffer aus der Mühle (nach Belieben)
Salz (nach Belieben)
2 Scheiben Vollkornbrot
Radieschensprossen (optional)

1. Haferflocken in einem engmaschigen Sieb mit Wasser abspülen und ca. 15 Minuten in Wasser einweichen.
2. In der Zwischenzeit den Lauch mittig einschneiden, putzen und in Ringe schneiden. Knoblauchzehe schälen und fein würfeln. Champignons putzen und klein würfeln. Rapsöl in einer Pfanne erhitzen. Lauch und Champignons dazugeben und ca. 2 Minuten anbraten.
3. Haferflocken nochmals gründlich abgießen, abspülen, in die Pfanne geben und weitere 2 Minuten anbraten. Anschließend Knoblauch, Kurkuma, Kala Namak, Paprikapulver und Pfeffer dazugeben. 8 Minuten mitbraten und schrittweise 200 ml Wasser – je nach gewünschter Konsistenz – hinzufügen. Haferrührei abschmecken und ggf. mit Salz nachwürzen.
4. Vollkornbrot in einer separaten Pfanne ohne Fett kurz anrösten, Haferrührei darauf verteilen und mit Sprossen garnieren.

Das Grundrezept kann natürlich zu jeder Jahreszeit gekocht und mit saisonalem Gemüse ergänzt werden.

Würzige Grünkernsuppe

71 g CO_2

Bei Grünkern handelt es sich um unreif geernteten Dinkel. Dieser wird geröstet und getrocknet, wodurch er seinen charakteristischen, würzigen Geschmack erhält. In der Produktion von Gemüsebrühpulver werden relativ viele CO_2-Emissionen ausgestoßen. Deshalb lohnt es sich wirklich, Gemüsereste wie den Brokkoli- oder Blumenkohlstrunk sowie die Schalen von Möhren, Kartoffeln oder Knollensellerie aufzuheben und mit ein wenig Petersilie zu eigener Gemüsebrühe auszukochen.

1 PORTION
50 MINUTEN

300 ml Gemüsebrühe
1 EL Olivenöl
30 g Grünkern
¾ EL Kräuter der Provence
5–10 Halme Schnittlauch
80 ml Hafersahne (siehe S. 116)
Salz (nach Belieben)
bunter Pfeffer aus der Mühle (nach Belieben)

1. Gemüsebrühe und Olivenöl jeweils in einem separaten Topf erhitzen.
2. Grünkern mit den Kräutern in Olivenöl kurz anrösten, Gemüsebrühe dazugießen und ca. 45 Minuten zugedeckt auf niedriger Stufe köcheln lassen.
3. In der Zwischenzeit Schnittlauch waschen, trocken schütteln und in kleine Ringe schneiden. Anschließend beiseitestellen.
4. Sollte zu viel Brühe verkocht sein, einfach ein wenig Wasser nachfüllen.
5. Hafersahne hinzugeben und mit Salz und Pfeffer abschmecken. Mit Schnittlauch garnieren.

Alternativ zur selbst gemachten Hafersahne kann natürlich auch gekaufte Hafersahne oder normale Sahne verwendet werden. Bei normaler Sahne steigt der CO_2-Wert auf 85 g. Für eine cremigere Konsistenz kannst du die Suppe auch pürieren. Wenn du die Gemüsebrühe selbst zubereitest, reduzierst du den CO_2-Wert der Grünkernsuppe auf verschwindend geringe 26 g CO_2.

Alternativ zu normalen Möhren können auch lila Möhren verwendet werden. Wir mögen die Sorte »Purple Haze«, eine Hybridzüchtung einer violetten Urmöhre mit normalen Möhren. Sie schmeckt etwas kräftiger und süßer als normale Möhren und enthält viel Anthocyan, ein sekundärer Pflanzenstoff.

Statt Koriandergrün passt auch glatte Petersilie gut dazu.

Räuchertofu kannst du auch mit 80 g Räucherfleisch tauschen. Dadurch erhöht sich der CO_2-Wert auf 323 g.

Herzhafte Linsensuppe mit Wurzelgemüse

169 g CO_2 PRO PORTION

Hier kannst du mit selbst gemachter Gemüsebrühe den CO_2-Wert des Gerichts auf gerade mal 83 g CO_2 pro Portion nach unten drücken.

2 PORTIONEN
60 MINUTEN

220 g Knollensellerie
180 g Möhren
180 g Pastinaken
180 g festkochende Kartoffeln
1 Schalotte
2 Knoblauchzehen
½ Chilischote
150 g Räuchertofu
1 EL Rapsöl
½ EL Kümmel
150 g braune Tellerlinsen (Dose)
850 ml Gemüsebrühe
3 getr. Wacholderbeeren
1 EL Tomatenmark
¾ EL Paprikapulver (edelsüß)
¾ EL Kräuter der Provence
Salz (nach Belieben)
bunter Pfeffer aus der Mühle (nach Belieben)
1 Bund Koriandergrün

1. Sellerie, Möhren, Pastinaken und Kartoffeln waschen, abtrocknen und schälen. Kartoffeln fein raspeln, restliches Wurzelgemüse in mundgerechte Stücke schneiden.
2. Schalotte und Knoblauch schälen und fein würfeln. Chilischote waschen, abtrocknen, entkernen und klein schneiden.
3. Räuchertofu in 1 cm große Würfel schneiden.
4. Rapsöl in einem Topf erhitzen, Kümmel, Schalotten und Knoblauch dazugeben und andünsten.
5. Chili, Räuchertofu und Wurzelgemüse einrühren und ca. 3 Minuten anbraten. Tellerlinsen dazugeben und mit Gemüsebrühe ablöschen.
6. Wacholderbeeren grob zerstoßen. Suppe mit Wacholder, Tomatenmark, Paprikapulver, Kräutern, Salz und Pfeffer würzen und 35 Minuten zugedeckt köcheln lassen. Falls nötig, noch etwas Wasser hinzufügen.
7. Koriandergrün waschen, trocken schütteln und grob hacken. Linsensuppe auf 2 Schüsseln verteilen und mit Koriandergrün dekorieren.

Dieses Gericht ist auch eine gute Möglichkeit, um übrig gebliebenes Pesto aufzubrauchen. Dafür einfach die italienischen Kräuter weglassen, weniger Rapsöl nehmen und die Champignons zusammen mit dem Pesto anbraten.

Restlichen Chicorée kann man gut in Salaten oder Aufläufen aufbrauchen!

Chicorée-Schiffchen mit Kartoffel-Champignon-Füllung auf Spinat

385 g CO_2

Kleinerer weißer Chicorée ist weniger bitter als der große grüne.

1 PORTION
25 MINUTEN

280 g festkochende Kartoffeln
3 EL Rapsöl
Salz (nach Belieben)
schwarzer Pfeffer aus der Mühle (nach Belieben)
1 ½ EL ital. Kräuter
2 Knoblauchzehen
120 g Champignons
1 Handvoll Babyspinat
6–7 Chicoréeblätter

Für das Dressing:
½ EL Balsamico-Essig
1 TL Senf
1 TL Löwenzahnhonig (siehe S. 140)

1. Kartoffeln waschen, schälen und in ca. 5 mm große Würfel schneiden. 1 ½ EL Rapsöl in einer Pfanne erhitzen und Kartoffeln mit Salz, Pfeffer und ½ EL italienischen Kräutern darin anbraten. Nach 10 Minuten vom Herd nehmen.
2. In der Zwischenzeit Knoblauch schälen und fein würfeln. Champignons putzen und in ca. 5 mm große Würfel schneiden. Restliches Rapsöl in einer separaten Pfanne erhitzen und Champignons darin ca. 3 Minuten scharf anbraten. Knoblauch, restliche italienische Kräuter, Salz und Pfeffer dazugeben und weitere 2 Minuten anbraten.
3. Babyspinat waschen und trocken schütteln. In einer kleinen Schüssel die Zutaten für das Dressing verrühren und mit dem Spinat vermengen.
4. Chicoréeblätter mit lauwarmem Wasser waschen, trocken schütteln und untere Enden abschneiden.
5. Spinat auf einem Teller anrichten. Chicoréeblätter darauf platzieren und mit der Kartoffel-Champignon-Mischung füllen.

Deftiger Kartoffel-Linsen-Salat

106 g CO_2

1 PORTION
75 MINUTEN

250 g festkochende Kartoffeln
75 g braune Tellerlinsen
½ Schalotte
¾ rote Paprikaschote
1 EL Apfelessig
1 EL Olivenöl
1 TL Senf
schwarzer Pfeffer aus der Mühle (nach Belieben)
Salz (nach Belieben)
Brunnenkresse

1. Kartoffeln waschen, abtrocknen, schälen und in mundgerechte Stücke schneiden.
2. In einem Topf 400 ml Salzwasser aufkochen. Tellerlinsen und Kartoffeln dazugeben und ca. 25 Minuten kochen, bis sie gar sind.
3. Kochwasser abgießen und alles abkühlen lassen.
4. Schalotte schälen und würfeln. Paprika waschen, entkernen und würfeln.
5. Apfelessig, Olivenöl und Senf für das Dressing vermengen. Mit Salz und Pfeffer abschmecken.
6. Paprikawürfel, Schalotten, Linsen und Kartoffeln zusammen mit dem Dressing vermengen und mit Brunnenkresse garnieren.

Am besten kochst du am Vortag den Kartoffel-Linsen-Eintopf (siehe S. 127), und verwendest die doppelte Menge Kartoffeln und Linsen. Dann sparst du dir bei der Zubereitung des Salats viel Zeit.

Statt des Apfelessig-Olivenöl-Dressings passt auch das Dressing aus gebackenem Knoblauch (siehe S. 191) hervorragend zum Salat!

Selbst gemachte Hafersahne

17 g CO_2

Hafersahne ist eine hervorragende Alternative zu konventioneller Sahne. Selbst gemachte Hafersahne ist nicht nur günstiger, sondern reduziert auch Verpackungsmüll sowie CO_2-Emissionen.

1 PORTION (À 300 ML)
5 MINUTEN

50 g zarte Haferflocken
1 Prise Salz
250 ml Wasser
½ EL Sonnenblumenöl

1. Haferflocken, Salz und die Hälfte des Wassers in einem Mixerbehälter ca. 5 Minuten einweichen lassen.
2. Anschließend fein pürieren und langsam das restliche Wasser und Öl dazugießen.

Soll die Hafersahne frei von Rückständen sein, kann man sie noch mit einem Nussmilchbeutel filtern.

Hält sich gekühlt im Bügelglas für ungefähr 5 Tage.

Ofenkartoffeln mit Fava aus gelben Linsen

42 g CO_2 PRO PORTION

Ein herrlich einfaches Gericht, das man entweder als Beilage oder als Hauptgericht genießen kann. Am besten schmecken die Kartoffeln mit frischen Kräutern aus dem Garten oder vom Balkon.

3 PORTIONEN
65 MINUTEN

Für das Fava:
100 g gelbe Linsen
1 EL Olivenöl
½ TL Kreuzkümmel
1 Schalotte
2 Knoblauchzehen
1 ½ EL Tahini
¼ TL gem. Kurkuma
Olivenöl zum Garnieren
Paprikapulver zum Garnieren (edelsüß)
schwarzer Sesam zum Garnieren

Für die Ofenkartoffeln:
600 g festkochende Kartoffeln
2 EL Olivenöl
Salz (nach Belieben)
bunter Pfeffer aus der Mühle (nach Belieben)
2 Knoblauchzehen
10 Salbeiblätter
2 Zweige Rosmarin

1. Backofen auf 200 °C Ober-/Unterhitze (Umluft 175 °C) vorheizen.
2. Für das Fava in einem Topf Salzwasser zum Kochen bringen. Gelbe Linsen in einem Sieb waschen, dazugeben und ca. 15 Minuten kochen.
3. In der Zwischenzeit Olivenöl und Kreuzkümmel in einer Pfanne erhitzen. Schalotte und Knoblauchzehen schälen, grob würfeln und mit in die Pfanne geben. Schalotten glasig braten und Pfanne vom Herd nehmen.
4. Sobald die Linsen weich sind, Tahini, Kurkuma und die Zwiebel-Knoblauch-Mischung hinzufügen und fein pürieren. Anschließend kalt stellen.
5. In der Zwischenzeit für die Ofenkartoffeln die Kartoffeln waschen, abtrocknen und in Scheiben schneiden. Anschließend aufrecht in eine Auflaufform schichten, mit Olivenöl beträufeln und mit Salz und Pfeffer würzen.
6. Knoblauch schälen, in dünne Streifen schneiden und zwischen die Kartoffelscheiben stecken.
7. Salbei und Rosmarin waschen, trocken schütteln und auf die Kartoffeln legen.
8. Kartoffeln ca. 50 Minuten im Ofen backen. Rosmarinzweige anschließend entfernen.
9. Fava in einer Schüssel mit Olivenöl, Paprikapulver und Sesam anrichten.

Sollte beim Kochen der Linsen das ganze Wasser verdampfen, einfach noch schrittweise Wasser dazugeben. Die Konsistenz am Ende sollte breiig sein.

Übrig gebliebenes Fava kannst du gut als Brotaufstrich verwenden.

Selbst gemachte Burger mit Hirsepatties und Laugenbrötchen

90 g CO_2 PRO PORTION

3 PORTIONEN
55 MINUTEN + 4 STUNDEN EINWEICHEN

Für die Soße:
10 getrocknete Tomaten
½ Schalotte
bunter Pfeffer aus der Mühle (nach Belieben)
½ EL Paprikapulver (edelsüß)
½ EL ital. Kräuter

Für die Burger:
6 Salatblätter
3 eingelegte Gurken (z. B. siehe S. 205)
½ Schalotte
6 Laugenbrötchen

Für die Hirsepatties:
120 g Hirse
Gemüsebrühe (nach Belieben)
½ Schalotte
1 Knoblauchzehe
½ EL Sojasoße
¾ EL Paprikapulver (edelsüß)
½ TL Currypulver
½ EL Kräuter der Provence
Salz (nach Belieben)
schwarzer Pfeffer aus der Mühle (nach Belieben)
60 g Kichererbsenmehl
1 EL Rapsöl zum Anbraten

1. Für die Soße Tomaten in 250 ml Wasser ca. 4 Stunden einweichen.
2. Schalotte schälen und halbieren. Die eine Hälfte für die Soße grob würfeln, die andere Hälfte für die Burger in Streifen schneiden und beiseitestellen.
3. Tomaten zusammen mit den Zwiebelwürfeln, Pfeffer, Paprikapulver und italienischen Kräutern fein pürieren.
4. Für die Burger Salatblätter waschen, trocken schütteln und beiseitestellen.
5. Eingelegte Gurken in Scheiben schneiden und beiseitestellen.
6. Für die Patties die Hirse nach Packungsanweisung in Gemüsebrühe garen. Der Hirsebrei sollte kein Wasser mehr enthalten.
7. In der Zwischenzeit die Schalotte und den Knoblauch schälen, fein würfeln und in eine Schüssel geben. Sojasoße, Paprikapulver, Currypulver, Kräuter der Provence, Salz und Pfeffer hinzufügen.

8. Hirse abgießen und auskühlen lassen. Anschließend zu den anderen Zutaten hinzufügen und schrittweise Kichererbsenmehl dazugeben. Masse gut vermengen. Falls der Hirsebrei zu feucht ist, etwas mehr Kichererbsenmehl dazugeben.
9. Rapsöl in einer Pfanne erhitzen. Mit feuchten Händen 6 Patties formen und jeweils 8 Minuten von beiden Seiten kross goldbraun braten. Nach dem Wenden ggf. etwas mehr Öl hinzufügen.
10. Laugenbrötchen der Länge nach aufschneiden und Burger mit Salatblättern, Gurkenscheiben, Schalottenringen, Patties und Soße belegen.

Die Hirsepatties bieten sich zur Resteverwertung an, wenn vom Vortag Hirse übrig geblieben ist.

Sollten Hirsepatties übrig bleiben, kann man diese am nächsten Tag gut in einer Gemüsepfanne untermischen.

Alternativ zur Soße im Rezept schmeckt auch das Erbsen-Minz-Püree (siehe S. 139)!

Soßenreste können einfach am nächsten Tag als Dip mit Gemüsesticks aufgebraucht werden.

Spaghetti mit Pesto aus Bärlauch und Hirtenkäse

149 g CO_2

Bärlauch kannst du einfach selbst sammeln. Er ist an schattigen Standorten in feuchten Laubmischwäldern und Schluchten zu finden.

1 PORTION
15 MINUTEN + 3 TAGE EINLEGEN

Für den veganen Hirtenkäse:
400 g Naturtofu
2 Knoblauchzehen
2 EL ital. Kräuter
40 ml Zitronensaft
ca. 250 ml Olivenöl
2–3 EL Salz (zum Einlegen)

Für das Bärlauch-Pesto:
90 g Nudeln
150 g Bärlauchblätter
3 EL Olivenöl
Salz
schwarzer Pfeffer aus der Mühle
2 EL Hirtenkäse + etwas mehr zum Garnieren
roter Pfeffer zum Garnieren

1. Für den Hirtenkäse einen Topf mit 400 ml Salzwasser erhitzen. Tofu in ca. 1 cm große Würfel schneiden und 10 Minuten im Wasser kochen.
2. In der Zwischenzeit Knoblauch schälen und fein würfeln.
3. Gekochten Tofu mit einem Schaumlöffel aus dem Wasser schöpfen und in einem Bügelglas mit den restlichen Zutaten vermengen. Der Tofu sollte vollständig mit Öl bedeckt sein. Anschließend für 3 Tage im Kühlschrank aufbewahren und innerhalb einer Woche verzehren.
4. Für das Pesto Salzwasser in einem Topf erhitzen und die Nudeln nach Packungsanweisung al dente kochen.
5. In der Zwischenzeit die restlichen Zutaten bis auf den roten Pfeffer in einem Mixer fein pürieren.

6. Nudeln mit einem Sieb abgießen, wieder in den Topf füllen und mit dem Bärlauch-Pesto vermengen.
7. Auf einem Pastateller mit gekrümeltem Hirtenkäse und rotem Pfeffer garnieren.

Statt selbst gemachtem veganen Hirtenkäse können auch Feta oder Parmesan verwendet werden. Bei 30 g Parmesan steigt der CO_2-Wert auf 203 g und bei 80 g Feta auf 193 g. Wenn der vegane Hirtenkäse pur gegessen werden soll, kannst du die Menge des Salzes auf 1,5–2 EL reduzieren.

Pesto ist auch eine gute Möglichkeit zur Resteverwertung: Möhrengrün, Kohlrabiblätter, Radieschengrün und vieles mehr kannst du super in Pesto verwandeln.

Wenn du den Bärlauch für das Gericht selbst sammelst, reduzierst du den CO_2-Gehalt auf 132 g.

Alternativ kann man noch etwas Speck oder Räuchertofu hinzufügen, um den Proteingehalt zu erhöhen. Mit 100 g Tofu steigt der CO_2-Gehalt um 30 g. Mit 100 g Speck steigt der Wert auf 299 g CO_2.

Statt Cashew-Creme kannst du auch Schmand oder Hummus verwenden.

Das untere Ende von Lauch kannst du übrigens ganz einfach mit etwas Erde wieder einpflanzen und den Lauch zu Hause nachwachsen lassen!

Fränkischer Porreeploatz

148 g CO_2 PRO PORTION

Dieses Rezept ist inspiriert vom Rhöner Zwibbelsploatz aus Julians Heimat. Die Variante mit Lauch und Spargel finden wir im Frühling besonders lecker.

3 PORTIONEN/ 1 BLECH
45 MINUTEN + 15 MINUTEN EINWEICHEN

Für die Creme:
160 g Cashewkerne
40 ml Apfelessig
1 EL Zitronensaft
1 TL Salz
1 EL getr. Schnittlauch

Für den Teig:
370 g Roggenmehl (Type 997)
10 g Salz
10 g Trockenhefe

Für den Belag:
1 große Stange Lauch
120 g grüner Spargel
4 Zweige Thymian
1 EL Kümmel (nach Belieben mehr)
bunter Pfeffer aus der Mühle (nach Belieben)

1. Für die Creme Cashewkerne ca. 15 Minuten in heißem Wasser einweichen.
2. Alle Zutaten für den Teig mit 250 ml Wasser in einem Rührgerät gut vermengen, bis ein klebriger Teig entsteht. Ggf. etwas mehr Wasser hinzufügen.
3. Teig auf einer bemehlten Fläche dünn ausrollen, auf ein mit Backpapier belegtem Blech auslegen und 15 Minuten gehen lassen. Backofen auf 200 °C Ober-/Unterhitze (Umluft 175 °C) vorheizen.
4. In der Zwischenzeit für den Belag den grünen Teil des Lauchs entfernen, den weißen Teil mittig bis zur Hälfte einschneiden und zusammen mit dem Spargel waschen. Lauch in Ringe schneiden, Spargel längs mittig einschneiden. Thymian waschen, trocken schütteln und Nadeln abzupfen.
5. Die Zutaten für die Creme mit 90 ml Wasser in einem Mixer fein pürieren und auf dem Teig verteilen.
6. Mit Kümmel und Thymian bestreuen und mit Pfeffer würzen.
7. Lauch und Spargel auf dem Teig verteilen und ca. 25–30 Minuten im Ofen backen.

Kartoffel-Linsen-Eintopf

98 g CO_2

Die Gewürzmischung Ras el-Hanout stammt aus dem Maghreb, der die nordafrikanischen Territorien von Tunesien, Algerien, Marokko und Westsahara umfasst.

1 PORTION
40 MINUTEN

- 250 g festkochende Kartoffeln
- 75 g braune Tellerlinsen
- 1 Schalotte
- 1 Knoblauchzehe
- 1 EL Rapsöl
- ½ TL Kreuzkümmel
- ¼ TL Bockshornkleesamen
- 100 g Champignons
- 1 EL Erdnussmus
- ¾ EL Ras el-Hanout
- schwarzer Pfeffer aus der Mühle (nach Belieben)
- Salz (nach Belieben)
- schwarzer Sesam zum Garnieren (optional)

1. Kartoffeln waschen, abtrocknen, schälen und in mundgerechte Stücke schneiden.
2. In einem Topf 400 ml Salzwasser aufkochen. Tellerlinsen und Kartoffeln dazugeben und ca. 25 Minuten kochen.
3. Schalotte und Knoblauch schälen und würfeln. Champignons putzen und vierteln.
4. Rapsöl zusammen mit Kreuzkümmel und Bockshornkleesamen in einer Pfanne erhitzen.
5. Sobald der Kreuzkümmel zu springen beginnt, Champignons dazugeben und 2 Minuten scharf anbraten. Schalotten und Knoblauch dazugeben, Hitze reduzieren und weitere 4 Minuten braten.
6. Den Großteil des Kochwassers der Linsen-Kartoffel-Mischung abgießen. Erdnussmus, Ras el-Hanout, Salz, Pfeffer und die Champignon-Pfanne dazugeben und alles gut vermengen. In einer Schale anrichten und mit Sesam garnieren.

Wenn du den Kartoffel-Linsen-Eintopf kochst, kannst du die doppelte Menge Linsen und Kartoffeln kochen. So kannst du den Kartoffel-Linsen-Salat (siehe S. 115) für den nächsten Tag vorbereiten, sparst Stromkosten und schonst die Umwelt.

Saftiger Möhrenkuchen

269 g CO_2 PRO PORTION

1 KUCHEN
15 MINUTEN + 45 MINUTEN BACKEN + ABKÜHLZEIT

Für den Kuchen:
250 g Möhren + etwas mehr zum Garnieren
50 g vegane Butter
200 g gem. Haselnüsse
100 g Weizenmehl (Type 405)
100 g Zucker
2 TL Backpulver
2 TL gem. Ceylon-Zimt
¼ TL frisch geriebene Muskatnuss
¼ TL gem. Piment
50 g Rosinen

Für den veganen Eischnee:
120 ml Kichererbsenwasser
1 Spritzer Zitronensaft
½ TL Backpulver

Für die Glasur:
2 EL Zitronensaft
70 g Puderzucker
ggf. etwas Wasser

1. Für den Kuchen Möhren waschen, abtrocknen, schälen und raspeln. Eine Handvoll für die Garnitur beiseitelegen.
2. Butter in einem Topf vorsichtig schmelzen und mit den anderen Teigzutaten in einer Schüssel glatt rühren.
3. Backofen auf 180 °C Ober-/Unterhitze (Umluft 155 °C) vorheizen.
4. Für den veganen Eischnee alle Zutaten ca. 2–5 Minuten schaumig schlagen und unter den Teig heben.
5. Teig in eine runde Kuchenform (Ø 25 cm) füllen und ca. 45 Minuten backen.
6. Anschließend Kuchen vollständig abkühlen lassen.
7. Für die Glasur alle Zutaten glatt rühren und auf dem Kuchen verteilen. Abwarten, bis die Glasur fest ist und den Kuchen mit Möhrenstreifen garnieren.

Kichererbsenwasser ist lediglich das Abtropfwasser von gekochten Kichererbsen aus der Dose. Normalerweise würde das im Abfluss landen, beim Backen kann man damit allerdings wunderbar den Eischnee ersetzen.

Optional kannst du den Möhrenkuchen auch noch mit Haselnüssen dekorieren.

Old Bread Cookie Balls

90 g CO_2 PRO STÜCK

CA. 20 STÜCK
15 MINUTEN + 1 STUNDE KÜHLEN

1 EL Leinsamen
65 g pflanzliche Margarine
30 g Marzipan
150 g Altbrot
50 ml Hafermilch
30 g Vollrohrzucker
2 TL gem. Ceylon-Zimt
1 Prise gem. Muskat
1 Gewürznelke
1 TL Backpulver
1 TL Natron
80 g gem. Haselnüsse
1 Prise Salz

1. Leinsamen mit 3 EL Wasser verrühren und 5 Minuten quellen lassen.
2. In der Zwischenzeit Margarine in einem Topf vorsichtig schmelzen und Marzipan in kleine Stücke schneiden. Beides zusammen mit den anderen Zutaten vermengen.
3. Teig auf einem ausgelegten Backpapier verteilen, zu einer Rolle formen und 1 Stunde kühl stellen.
4. Backofen auf 200 °C Ober-/Unterhitze (175 °C Umluft) vorheizen. Gekühlten Teig zu Kugeln formen und im heißen Ofen ca. 10 Minuten backen.

Für das Altbrot können beispielsweise auch Weißbrot, Brötchen, Brioche oder Gebäck aus Hefeteig verwendet werden.

Alternativ kannst du zum Würzen auch die Gewürzmischung »Pumpkin Pie Spice«, Kardamom oder getrocknete Früchte nutzen.

Sommer

Beeren-Schoko-Smoothie

68 g CO_2

Kokos und Kakao sind beides Lebensmittel, die eine eher schlechte Umweltbilanz aufweisen. Da wir diese Lebensmittel aber nicht verteufeln wollen und wissen, wie gut sie schmecken, empfehlen wir einen bewussten Genuss in Maßen, wie in diesem Rezept.

1 PORTION
5 MINUTEN

300 g frische Beerenmischung
250 ml Hafermilch
2 TL Kakaopulver
1 TL Löwenzahnhonig
20 g geschälte Hanfsamen (optional)
30 g zarte Haferflocken
30 g Rosinen
1 TL Kokosraspeln (optional)
1 TL Kakaonibs
frische Beeren zum Garnieren (optional)

1. Alle Zutaten bis auf die Kokosraspeln und Kakao Nibs in einem Hochleistungsmixer fein pürieren.
2. In einer Schüssel mit Kokosraspeln und Kakaonibs anrichten. Beeren waschen und Smoothie damit garnieren.

Für eine glutenfreie Variante kannst du statt Haferflocken und -milch auch Hirseflocken und Sojamilch verwenden.

Falls du keine frischen Beeren zur Verfügung hast, kannst du auch Tiefkühlware verwenden.

Buchweizenpfannkuchen mit frischen Beeren

45 g CO_2

Diese Pfannkuchen sind nicht ganz so süß wie herkömmliche Pfannkuchen, dafür aber viel nährstoffreicher. Bei Bedarf kann später auch noch nachgesüßt werden.

1 PORTION
35 MINUTEN

- 75 g Buchweizenmehl
- 1 EL geschrotete Leinsamen
- 1 EL Kichererbsenmehl
- 1 TL gem. Ceylon-Zimt
- 1 Prise Salz
- 100 g Apfelmus
- 1 EL Rosinen
- 1 EL Löwenzahnhonig (siehe S. 132)
- 2 EL Hirseflocken
- Sonnenblumenöl zum Anbraten
- frische Beeren (nach Belieben)

1. Buchweizenmehl, Leinsamen, Kichererbsenmehl, Zimt und Salz in einer Schüssel vermengen.
2. In einem Hochleistungsmixer Apfelmus, Rosinen, Löwenzahnhonig und 250 ml Wasser pürieren. Löffelweise den Buchweizenteig dazugeben und glatt pürieren.
3. Hirseflocken mit einem Löffel unterrühren und den Teig 5 Minuten quellen lassen.
4. In einer beschichteten Pfanne etwas Sonnenblumenöl auf mittlerer Stufe erhitzen und Pfannkuchenteig darin portionsweise ca. 4 Minuten pro Seite ausbacken.
5. Anschließend auf einem Teller anrichten. Beeren ggf. waschen und Pfannkuchen damit garnieren.

Zu den Pfannkuchen passen Apfelmus oder Nicecream (siehe S. 157).

Statt Beeren kann natürlich auch anderes frisches Obst verwendet werden. Löwenzahnhonig ersetzt du mit Zucker, Honig oder etwas Trockenobst.

Cremesuppe aus frischer Gartenzucchini

82 g CO_2

1 PORTION
30 MINUTEN

200 g Zucchini
100 g mehligkochende Kartoffeln
1 Zwiebel
1 Knoblauchzehe
1 EL Olivenöl
175 ml Gemüsebrühe
50 ml Hafersahne + etwas mehr zum Garnieren
1 EL Rosinen
12 Blätter Basilikum + etwas mehr zum Garnieren
Salz (nach Belieben)
bunter Pfeffer aus der Mühle (nach Belieben)

1. Zucchini und Kartoffeln waschen und abtrocknen. Zucchini an den Enden abschneiden, Kartoffeln schälen und beides klein schneiden.
2. Zwiebel und Knoblauch schälen und fein würfeln.
3. In einem Topf Olivenöl erhitzen und Zwiebeln und Knoblauch glasig anschwitzen.
4. Zucchini- und Kartoffelstücke dazugeben und kurz mit anbraten. Mit Gemüsebrühe ablöschen, Hafersahne und Rosinen dazugeben und ca. 20 Minuten auf mittlerer Stufe köcheln lassen.
5. Basilikum waschen, trocken schütteln, untermischen und cremig pürieren. Mit Salz und Pfeffer abschmecken. In einer Suppenschale servieren und mit etwas Hafersahne, Pfeffer und Basilikum garnieren.

Statt Basilikum kannst du auch gerösteten Salbei (siehe S. 165 bei der Kürbis-Apfel-Suppe) verwenden. Mit Salbei wird der Geschmack noch etwas voller. Wir mögen beide Varianten sehr gerne. Salbei lässt sich übrigens genau wie Basilikum gut auf dem Balkon oder Fensterbrett anbauen.

Bei der vegetarischen Variante dieser Suppe kannst du normale Sahne verwenden. Der CO_2-Wert steigt dadurch auf 132 g. Mit selbst gemachter Gemüsebrühe reduzierst du den CO_2-Wert auf 56 g.

Tomatensalat mit Hirtenkäse

154 g CO_2

1 PORTION
20 MINUTEN

- 1 rote Zwiebel
- 300 g Tomaten
- 10 Basilikumblätter + etwas mehr zum Garnieren
- 1 EL ital. Kräuter
- 4 EL Hirtenkäse (siehe S. 122)
- 2 EL Öl vom Hirtenkäse
- 2 EL Balsamico-Essig

1. Zwiebel schälen und fein würfeln. Tomaten waschen, abtrocknen, entstrunken und fein würfeln.
2. Basilikumblätter waschen, trocken schütteln und fein hacken.
3. Alle Zutaten in einer Salatschüssel miteinander vermengen und 15 Minuten durchziehen lassen.
4. Ggf. mit Salz und Pfeffer nachwürzen. Mit Basilikum garnieren.

Eine leckere und proteinreiche Einlage sind geröstete Kichererbsen. Mit 100 g Kichererbsen steigt der CO_2-Wert auf 160 g.

Beim Gemüse kannst du mit den Mengenangaben auch etwas variieren, je nachdem, wie viele Reste du gerade verwerten möchtest.

Erfrischende spanische Gazpacho aus Gemüseresten

134 g CO_2

Die angeschnittene Gurke liegt schon länger im Kühlschrank, die Tomaten werden weich und das Brot hart. Die spanische Sommersuppe Gazpacho ist perfekt, um diese Reste zu verwerten! Da die Suppe kalt serviert wird, verwenden wir Eiswürfel im Rezept, um uns die Abkühlzeit zu sparen und die Suppe sofort genießen zu können.

1 PORTION
15 MINUTEN

½ rote Paprikaschote
200 g Tomaten
1 rote, mittelscharfe Chilischote
120 g Gurke
50 g Vollkornbrot (vom Vortag)
½ rote Zwiebel
1 Knoblauchzehe
1 TL ital. Kräuter
20 ml Olivenöl
10 ml Balsamico-Essig
2 EL geschälte Hanfsamen
2 große Eiswürfel
Salz (nach Belieben)
bunter Pfeffer aus der Mühle (nach Belieben)
1–2 Stängel Petersilie (oder Basilikum) zum Dekorieren

1. Paprikaschote, Tomaten, Chilischote und Gurke waschen und abtrocknen.
2. Paprika entkernen, Tomaten und Paprika grob hacken.
3. Chilischote halbieren und entkernen. Eine Hälfte der Chilischote mit der Paprika und den Tomaten in einen Hochleistungsmixer füllen. Andere Chilihälfte in feine Scheiben schneiden und beiseitestellen.
4. Gurke vierteln, ¼ fein würfeln und beiseitestellen. Restliche Gurke in den Hochleistungsmixer füllen.
5. Vollkornbrot kurz toasten und grob hacken. Zwiebel und Knoblauch schälen. Vorbereitete Zutaten mit den Kräutern, Olivenöl, Essig, Hanfsamen und Eiswürfeln in den Hochleistungsmixer geben und pürieren.
6. Petersilie oder Basilikum waschen, trocken schütteln und Blätter abzupfen.
7. Die Suppe mit restlicher Chili, Gurke und frischen Kräutern garnieren und servieren.

Frisches Erbsen-Minze-Püree

95 g CO_2

Wir verwenden Cashewkerne gerne für Suppen oder Pürees, da sie ihnen Cremigkeit verleihen und gesunde Fette enthalten, die für die Aufnahme der fettlöslichen Vitamine A, D, E und K wichtig sind. Für eine noch CO_2-ärmere Variante können die Cashews durch Hafer- oder Sojasahne ersetzt werden.
Minze ist übrigens sehr anspruchslos und kann ganz einfach auf dem Balkon oder Fensterbrett gezogen werden.

1 PORTION
20 MINUTEN

75 g Cashewkerne
1 Zwiebel
1 EL Rapsöl
½ TL Kümmelsamen
100 g Erbsen (Dose)
½ TL Gemüsebrühpulver
15 Blätter Minze
Salz (nach Belieben)
schwarzer Pfeffer aus der Mühle (nach Belieben)
roter Pfeffer zum Garnieren

1. Cashewkerne in heißem Wasser ca. 15 Minuten einweichen.
2. In der Zwischenzeit Zwiebel schälen und würfeln. Rapsöl und Kümmelsamen ca. 2 Minuten in einem Topf erhitzen. Zwiebeln hinzugeben und glasig anschwitzen. Erbsen, Gemüsebrühpulver und 80 ml Wasser hinzufügen und 5 Minuten auf mittlerer Stufe köcheln lassen.
3. Cashewkerne abgießen und mit frischem Wasser abspülen. Minzblätter waschen, trocken schütteln und grob hacken. Cashewkerne und Minze zur Brühe hinzufügen, mit Salz und Pfeffer würzen.
4. Suppe pürieren und je nach gewünschter Konsistenz ggf. noch etwas Wasser hinzufügen. Erbsen-Minze-Püree mit rotem Pfeffer garnieren.

Soll das Gericht vegetarisch sein, kannst du statt den Cashewkernen auch 100 ml Sahne verwenden. Dadurch steigt der CO_2-Wert auf 121 g.

Löwenzahnhonig

304 g CO_2 PRO GLAS

Eine tolle regionale und nachhaltige Alternative zu Agavendicksaft oder Ahornsirup. Der Löwenzahnhonig eignet sich als Brotaufstrich, zum Süßen von Müslis, Smoothies und Süßspeisen sowie für Salatdressings und Soßen.

4–6 GLÄSER (À 250 ML)
180 MINUTEN

200 g Löwenzahnblüten
1 l Wasser
Saft von 1 Zitrone
1 kg unraffinierter Rohrzucker

1. Das Grün an den Löwenzahnblüten entfernen und die Blüten gründlich waschen. Anschließend in einem Topf mit dem Wasser zum Kochen bringen.
2. Zitronensaft dazugeben und ca. 40 Minuten auf mittlerer Stufe köcheln lassen.
3. Blüten mit einem Schaumlöffel aus dem Wasser schöpfen und entsorgen. Zucker zum Wasser hinzufügen und weitere 35 Minuten unter regelmäßigem Rühren köcheln lassen. Währenddessen regelmäßig den Schaum abschöpfen.
4. Nochmals 80–90 Minuten auf niedriger Hitze weiterköcheln lassen. Wenn der Löwenzahnhonig sehr fest sein soll, kann er noch länger eingekocht werden.
5. Heißen Löwenzahnhonig in sterilisierte Schraubgläser füllen und abkühlen lassen.

Am besten kochst du gleich eine größere Menge, damit sich der Zeitaufwand lohnt.
Der Löwenzahnhonig hält sich bei Zimmertemperatur ca. 5-6 Monate.
Löwenzahn sammelst du am besten an trockenen Tagen, fernab von Straßen.

Zucchiniaufstrich

$67\,g\ CO_2$

Der Zucchiniaufstrich ist noch gesünder, wenn du ihn mit frischen Sprossen kombinierst.

1 PORTION
20 MINUTEN

- 250 g Zucchini
- Salz (nach Belieben)
- 1 Zwiebel
- 2 Knoblauchzehen
- 1 EL Olivenöl
- 15 Salbeiblätter
- 3 EL Kichererbsenmehl
- 10 ml Zitronensaft
- schwarzer Pfeffer aus der Mühle (nach Belieben)
- roter Pfeffer

1. Zucchini waschen, abtrocknen, raspeln und leicht salzen. Für ein paar Minuten beiseitestellen.
2. Zwiebel und Knoblauch schälen und fein würfeln.
3. Olivenöl in einer Pfanne erhitzen und Zwiebeln, Knoblauch und Salbei darin andünsten.
4. Zucchini hinzufügen und 15 Minuten garen, bis die Zucchini eingefallen und die Flüssigkeit größtenteils verdampft ist.
5. Zucchini-Mischung in einen Standmixer füllen und kurz abkühlen lassen.
6. Kichererbsenmehl, Zitronensaft und Pfeffer hinzufügen und alles glatt pürieren.
7. Optional kannst du auch noch etwas mehr Salbeiblätter mit Olivenöl in einer Pfanne anbraten und als Deko verwenden.

Ersetze die Zucchini nach Belieben durch ein anderes saisonales Gemüse mit ähnlichem Wassergehalt.

Frischer Wildkräutersalat mit Beeren-Vinaigrette

61 g CO_2

Ab und zu hat man einfach Lust auf einen frischen, leichten Sommersalat. Genau dann machen wir dieses Rezept. Das Dressing kommt ohne Öl aus. Deswegen ist es besonders leicht und gleichzeitig unglaublich lecker!

1 PORTION
15 MINUTEN

Für das Dressing:

125 g gemischte Beeren
20 ml Balsamico-Essig
½ TL Löwenzahnhonig (siehe S. 140)
½ EL Kümmel
Salz (nach Belieben)
schwarzer Pfeffer aus der Mühle (nach Belieben)

Für den Salat:

1 große Handvoll gemischte Wildkräuter
25 g Rucola
120 g Erdbeeren
120 g Tomaten
4 EL Kürbiskerne zum Garnieren

1. Für das Dressing Beeren waschen und mit 50 ml Wasser und den restlichen Zutaten pürieren. Falls Erdbeeren dabei sind, kann man das Grüne ruhig mit dranlassen! Je nach Belieben etwas Wasser hinzufügen, um das Dressing etwas zu verdünnen.
2. Wildkräuter, Rucola, Erdbeeren und Tomaten waschen und trocken schütteln bzw. abtrocknen. Erdbeeren in Scheiben schneiden (Grün kann dranbleiben) und Tomaten vierteln. Beides mit den übrigen Salatzutaten in einer Schüssel vermengen.
3. Kürbiskerne in einer Pfanne ohne Öl anrösten und über den Salat streuen.

Eine gute Wildkräutermischung besteht zu je gleichen Teilen aus Malvenblättern und Rotkleeblüten, und beinhaltet ein wenig Giersch und Schafgarbe.

Statt Löwenzahnhonig kannst du auch Zucker, Honig oder ein anderes Süßungsmittel verwenden.

Wildkräuter lassen sich durch eine große Handvoll Babyspinat ersetzen. Dadurch steigt der CO_2-Wert um mickrige 2 g.

Ratatouille

208 g CO_2

Ratatouille ist ein absoluter Klassiker und noch dazu sehr nachhaltig. Im Sommer kriegst du reifes und frisches Gemüse vom Landbau statt aus dem Gewächshaus. Da du das Ratatouille warm oder kalt genießen kannst, solltest du direkt 2 Portionen machen!

1 PORTION
60 MINUTEN + 4 STUNDEN EINWEICHEN

7–8 sonnengetr. Tomaten
1 Zucchini
1 kleine Aubergine (ca. 200 g)
300 g Tomaten
3 Stängel Basilikum
40 ml Olivenöl
1 Zwiebel
2 Knoblauchzehen
1 EL Kräuter der Provence
schwarzer Pfeffer aus der Mühle (nach Belieben)
2 kleine Zweige Rosmarin

1. Sonnengetrocknete Tomaten in einer Schüssel knapp mit 180 ml Wasser bedecken und ca. 4 Stunden einweichen.
2. Gemüse und Kräuter waschen. Basilikumblätter abzupfen und Stängel aufheben.
3. Zucchini, Aubergine und Tomaten in Scheiben schneiden und bis auf die Tomaten salzen und 5 Minuten beiseitestellen. Anschließend mit Küchenpapier trocken tupfen.
4. In der Zwischenzeit 1 EL Olivenöl in einer Pfanne erhitzen. Zwiebel und Knoblauch schälen, fein würfeln und glasig anschwitzen. Anschließend in einer Auflaufform (20 x 15 cm) verteilen.
5. Sonnengetrocknete Tomaten mit Einweichwasser, Basilikumstängeln, Kräuter der Provence und Pfeffer pürieren. Die Hälfte davon auf die Zwiebeln gießen.
6. Zucchini- und Auberginenscheiben im restlichen Olivenöl je 3 Minuten pro Seite anbraten und mit Pfeffer würzen. Backofen auf 180 °C Ober-/Unterhitze (Umluft 155 °C) vorheizen.

7. Gemüsescheiben abwechselnd in die Auflaufform schichten und mit restlicher Tomatensoße übergießen. Basilikumblätter und Rosmarinzweige aufs Ratatouille legen und im Ofen ca. 25–30 Minuten backen.
8. Vor dem Servieren Rosmarinzweige entfernen.

Das Ratatouille eignet sich entweder als Beilage, z. B. zu den Zucchini-Kichererbsen-Puffern (siehe S. 146) oder auch als Hauptmahlzeit.

Knusprige Kichererbsen-Zucchini-Puffer mit Cashew Sour Cream

343 g CO_2

1 PORTION
30 MINUTEN + 2 STUNDEN KÜHLEN

Für die Cashew Sour Cream:

150 g Cashewkerne
Saft von 1 Zitrone
1 EL Apfelessig
Salz (nach Belieben)
3 Halme Schnittlauch (nach Belieben mehr)

Für die Puffer:

3 EL Rapsöl
1 Glas Kichererbsen (à 225 g)
2 mittelgroße Zucchini
1 Möhre
1 rote Zwiebel
2 EL Maisstärke
3 EL Kichererbsenmehl
3 EL Hefeflocken
1 EL Paprikapulver (edelsüß)
Salz (nach Belieben)
schwarzer Pfeffer aus der Mühle (nach Belieben)

1. Für die Sour Cream Cashewkerne ca. 15 Minuten in heißem Wasser einweichen. Anschließend abgießen, mit frischem Wasser abspülen und bis auf den Schnittlauch mit den restlichen Zutaten und 120 ml Wasser pürieren.
2. Schnittlauch waschen, trocken schütteln, in Ringe schneiden und unter die Sour Cream heben. Anschließend 2 Stunden im Kühlschrank fest werden lassen.
3. Für die Puffer 1 EL Rapsöl in einer Pfanne erhitzen. Kichererbsen in einem Sieb abspülen, abtrocknen und ca. 5 Minuten anrösten.
4. Zucchini und Möhre waschen, abtrocknen und separat fein raspeln. Wasser aus den Zucchiniraspeln herauspressen.
5. Gebratene Kichererbsen in einer Schale mit einer Gabel zerdrücken.
6. Zwiebel schälen und fein würfeln.
7. Zucchini- und Möhrenraspeln, Zwiebelwürfel, Maisstärke, Kichererbsenmehl, Hefeflocken, Paprikapulver, Salz und Pfeffer zu den Kichererbsen geben und alles gut vermengen.

8. 1 EL Rapsöl in einer Pfanne auf mittlerer Stufe erhitzen und aus der Masse 8 flache Puffer formen. Die ersten 4 Puffer von beiden Seiten schön goldbraun anbraten. Vorgang mit den restlichen Puffern wiederholen.
9. Puffer auf einem mit Küchenpapier ausgelegtem Teller kurz abtropfen lassen und mit der Sour Cream servieren.

Wenn es mal schnell gehen muss, kannst du das Kühlen der Sour Cream natürlich weglassen, allerdings ist sie dann nicht so fest.

Die restliche Sour Cream kannst du einfach in einem Bügelglas im Kühlschrank aufbewahren und innerhalb von 4–5 Tagen aufbrauchen.

Dazu passt Ratatouille (siehe S. 144) oder ein frischer Wildkräutersalat (siehe S. 143).

Summer Bowl mit Zucchinirollen, Kichererbsen und sonnengetrockneten Tomaten

229 g CO_2

Diese Bowl ist vollgepackt mit Nährstoffen und ideal nach einem Workout. Die Kichererbsen liefern Proteine und das Fett aus den Cashewkernen sorgt für eine optimierte Aufnahme der Vitamine A, D, E und K. Da sonnengetrocknete Tomaten und Pistazien normalerweise schon gesalzen sind, solltest du Salz in diesem Rezept sparsam verwenden.

1 PORTION
25 MINUTEN

Für die Bowl:
1 Zucchini
Salz (nach Belieben)
1 Glas Kichererbsen (ca. 225 g)
2 EL Olivenöl
schwarzer Pfeffer aus der Mühle (nach Belieben)
1 rote Paprikaschote
1 TL Kräuter der Provence
1 TL Paprikapulver (edelsüß)
1 Handvoll Babyspinat
5–6 sonnengetr. Tomaten (eingeweicht oder eingelegt)
1 EL Pistazien
1 Handvoll Leinsprossen

Für den Paprika-Cashew-Dip:
5 EL Cashewkerne
30 ml frischer Zitronensaft
¼ TL Kräuter der Provence
Salz (nach Belieben)
bunter Pfeffer aus der Mühle (nach Belieben)

1. Für die Bowl Zucchini waschen, abtrocknen, Enden abschneiden und längs in Streifen schneiden. Zucchini leicht salzen und beiseitestellen.
2. Kichererbsen in einem Sieb abtropfen lassen und kurz abspülen.
3. 1 EL Olivenöl in einer Pfanne erhitzen. Zucchinistreifen mit etwas Küchenpapier abtupfen und in der Pfanne mit etwas Pfeffer ca. 7–8 Minuten anbraten. Zucchini herausnehmen und kurz auf einem Teller abkühlen lassen.

4. In der Zwischenzeit Paprikaschote waschen, abtrocknen, entkernen und ¾ in Streifen schneiden. Restliche Paprika mit 20 ml Wasser und den Zutaten für den Dip in einem Hochleistungsmixer pürieren. Je nach Wassergehalt der Paprika noch etwas mehr Wasser hinzufügen, damit der Dip schön cremig wird.
5. Restliches Öl in einer Pfanne erhitzen und Kichererbsen dazugeben. Mit Salz, Pfeffer, Kräutern der Provence und Paprikapulver ca. 5 Minuten anbraten.
6. Babyspinat waschen, trocken schütteln und zusammen mit den sonnengetrockneten Tomaten in die Bowl füllen. Zucchinistreifen zusammenrollen. Bowl mit Zucchinistreifen, Kichererbsen und Paprikastreifen füllen.
7. Pistazien schälen, klein hacken und zum Garnieren mit den Leinsprossen auf der Bowl verteilen.

Wenn wir Spinat roh essen, verwenden wir lieber Babyspinat, da dieser einen niedrigen Oxalsäuregehalt hat. Falls nur normaler Spinat verfügbar ist, kannst du diesen auch nehmen. Wir empfehlen dir, diesen kurz zu kochen, da Oxalsäure wasserlöslich ist. Das Kochwasser von Spinat nicht weiterverwenden.

Zucchini mit herzhafter Grünkern-Füllung

74 g CO_2

1 PORTION
20 MINUTEN + 20 MINUTEN BACKEN

30 g Grünkernschrot
1 kleine Zucchini
1 kleine Zwiebel
1 Knoblauchzehe
50 g gelbe Paprikaschoten
50 g Tomaten
1 EL Rapsöl
½ EL Paprikapulver (edelsüß)
1½ EL Kräuter der Provence
Salz (nach Belieben)
schwarzer Pfeffer aus der Mühle (nach Belieben)
50 ml Hafersahne (siehe S. 116)

1. Grünkernschrot nach Packungsanweisung kochen. Backofen auf 220 °C Ober-/Unterhitze (195 °C Umluft) vorheizen.
2. Zucchini waschen, abtrocknen, halbieren und aushöhlen. Fruchtfleisch beiseitestellen.
3. Zwiebel und Knoblauch schälen und fein würfeln.
4. Paprika und Tomaten waschen und abtrocknen. Paprika entkernen, Tomaten entstrunken und beides fein würfeln.
5. Rapsöl in einer Pfanne erhitzen. Zucchinifruchtfleisch, Zwiebeln, Knoblauch, Paprika- und Tomatenwürfel ca. 5 Minuten darin anrösten. Anschließend in einer Auflaufform (17 x 17 cm) verteilen.
6. Gegarten Grünkern mit den Gewürzen und der Hafersahne vermengen und über das Gemüse gießen.
7. Auflauf im Ofen ca. 10 Minuten zugedeckt und anschließend 10 Minuten offen backen.

Sollte mal kein geschroteter Grünkern zur Hand sein, kannst du auch normalen Grünkern verwenden, wenn du ihn nach dem Kochen kurz stückig pürierst.

Besonders lecker ist das Gericht, wenn du die Zucchini noch mit (veganem) Hirtenkäse überbackst.

Blumenkohl-Bolognese mit Blumenkohl-Hefekäse

137 g CO_2

1 PORTION
45 MINUTEN

Für die Bolognese:
200 g Blumenkohl
1 Zwiebel
1 Knoblauchzehe
5 sonnengetr. Tomaten (eingeweicht)
2 Stängel Basilikum + etwas mehr zum Garnieren
1 EL Olivenöl
1 EL ital. Kräutermischung
½ EL Paprikapulver (edelsüß)
200 g Tomaten
1 EL getr. Steinpilze
Salz (nach Belieben)
bunter Pfeffer aus der Mühle (nach Belieben)
75 g Nudeln

Für den Blumenkohl-Hefekäse:
1 EL Olivenöl
100 g Blumenkohl
15 g Hefeflocken
Salz (nach Belieben)
schwarzer Pfeffer aus der Mühle (nach Belieben)

1. Blumenkohl waschen, Blätter und einen kleinen Teil des Strunks entfernen. Blumenkohl fein raspeln und 100 g für den Hefekäse getrennt aufbewahren.
2. Für die Bolognese Zwiebel und Knoblauch schälen und fein würfeln. Eingeweichte Tomaten klein schneiden. Das Einweichwasser kann als Kochwasser für die Nudeln verwendet werden.
3. Basilikum waschen, trocken schütteln und Blätter abzupfen. Stängel und Blätter separat klein hacken.
4. Olivenöl in einem Topf erhitzen. Blumenkohl für die Soße, Zwiebeln, Knoblauch, Basilikumstängel und sonnengetrocknete Tomaten dazugeben und anbraten. Basilikumblätter, italienische Kräuter und Paprikapulver dazugeben und auf niedriger Stufe köcheln lassen.
5. Für den Hefekäse in einer separaten Pfanne Olivenöl erhitzen. Restliche Blumenkohlraspeln hinzufügen, mit Salz und Pfeffer würzen und 3 Minuten anbraten. Anschließend beiseitestellen.
6. Tomaten waschen, abtrocknen und stückig pürieren. Steinpilze klein hacken und zusammen mit den Tomaten zur Soße geben und 15 Minuten weiterköcheln lassen.

7. Das Einweichwasser der getrockneten Tomaten in einem Topf erhitzen und mit Salzwasser auffüllen. Nudeln nach Packungsanweisung al dente kochen.
8. Beiseite gestellten Blumenkohl mit den Hefeflocken vermengen.
9. Fertige Nudeln abgießen, zur Soße in den Topf geben und gut verrühren.
10. Auf einem Pastateller anrichten, mit dem Blumenkohl-Hefekäse bestreuen und mit Basilikumblättern garnieren.

Gemäß der »Planetary Health Diet« kannst du in der Woche 98 g Rind- oder Schweinefleisch essen. Du kannst für dieses Rezept den Anteil des Blumenkohls halbieren und 98 g gemischtes Hackfleisch hinzufügen. Die 98 g Rindfleisch stoßen ca. 242 g CO_2 aus. Zum Vergleich: 100 g Blumenkohl stoßen 19 g CO_2 aus.

Ebenso kannst du statt Blumenkohl-Hefekäse 30 g Parmesan verwenden. Diese stoßen 71 g CO_2 aus.

Reste vom Blumenkohl-Hefekäse passen auch gut als Topping für Suppen oder Salate.

Natürlich kannst du statt Erdbeeren auch ein anderes saisonales Obst verwenden.

Die Reste vom Erdbeergrün kann man sehr gut im Beeren-Schoko-Smoothie (siehe S. 131) oder der Beeren-Vinaigrette (siehe S. 143) aufbrauchen.

Erdbeerkuchen mit Vanillepudding

252 g CO_2 PRO PORTION

1 KUCHEN

15 MINUTEN + 30 MINUTEN BACKEN + ABKÜHLZEIT

Für den Boden:

225 g Weizenmehl (Type 405)
120 g Zucker
1 Päckchen Backpulver
250 ml Sojamilch
60 ml Rapsöl

Für den Belag:

pflanzliche Margarine zum Einfetten
3 EL Semmelbrösel
1 Päckchen Vanillepuddingpulver
1 EL Zucker
350 ml Sojamilch
700 g Erdbeeren
1 Päckchen veganer Tortenguss

1. Für den Boden alle Zutaten zu einem glatten Teig verrühren.
2. Backofen auf 180 °C Ober-/Unterhitze (155 °C Umluft) vorheizen.
3. Tarteform sehr gut einfetten und mit den Semmelbröseln gleichmäßig bestreuen. Teig auf einer leicht bemehlten Arbeitsfläche ausrollen und in der Form (Ø 26 cm) auslegen. Teig ca. 25–30 Minuten backen und abkühlen lassen.
4. Für den Belag Vanillepuddingpulver mit Zucker und Sojamilch nach Packungsanweisung zubereiten und lauwarm abkühlen lassen.
5. Anschließend Vanillepudding gleichmäßig auf dem Teigboden verteilen.
6. Erdbeeren waschen, abtropfen lassen und das Grün entfernen. Jeweils halbieren und gleichmäßig mit der Schnittfläche nach unten auf dem Vanillepudding verteilen.
7. Tortenguss mit Wasser oder Fruchtsaft nach Packungsanweisung zubereiten und löffelweise über die Erdbeeren geben.

Erdbeer-Nicecream

$38\,g\ CO_2$

1 PORTION
5 MINUTEN + 4 STUNDEN TIEFKÜHLEN

250 g Erdbeeren + etwas mehr zum Garnieren
90 ml Hafermilch
1 Prise Salz
2 Spritzer Zitronensaft
2–3 EL Löwenzahnhonig (siehe S. 140)
Süßkirschen zum Garnieren

1. Erdbeeren waschen, abtropfen lassen und das Grün entfernen. Ein paar Erdbeeren zum Garnieren beiseitelegen.
2. Hafermilch, Salz, Zitronensaft und Löwenzahnhonig in einem Hochleistungsmixer pürieren. Erdbeeren hinzugeben und noch ein mal kurz pürieren.
3. Creme in einem geeigneten Behälter luftdicht verschließen und ca. 4–5 Stunden tiefkühlen.
4. Zuerst nach 2 Stunden, anschließend stündlich, die Nicecream kurz aus dem Tiefkühler nehmen, neu vermengen und prüfen, ob sie bereits gefroren ist.
5. Vor dem Servieren gefrorene Nicecream herausnehmen und ggf. für ca. 5–15 Minuten antauen lassen.
6. In der Zwischenzeit Süßkirschen waschen, Stängel entfernen und abtropfen lassen.
7. Nicecream in einer Schüssel mit Süßkirschen und frischen Erdbeeren garnieren.
8. Nach Belieben mit Nüssen und Samen servieren.

Statt Löwenzahnhonig kannst du auch Zucker, Honig, Trockenfrüchte oder ein anderes Süßungsmittel verwenden.

Optional kannst du auch 2 EL klein gehackten frischen Basilikum mit in die Nicecream mischen.

Wenn es mal schnell gehen soll und du tiefgefrorene Erdbeeren zur Hand hast, kannst du auch diese verwenden und die Nicecream direkt genießen.

Herbst

Grüner Smoothie

50 g CO_2

CA. 800 ML/ 1 GROSSE PORTION
5 MINUTEN

3 Stängel Staudensellerie
2 Äpfel (z. B. Elstar)
100 g Babyspinat
2 EL Rosinen
2 EL geschälte Hanfsamen
300 ml Hafermilch

1. Staudensellerie, Äpfel und Spinat waschen und abtrocknen bzw. trocken schütteln.
2. Das Ende der Staudenselleriestängel abschneiden, den Rest in grobe Stücke schneiden.
3. Äpfel vierteln, entkernen und in grobe Stücke schneiden. Zusammen mit den restlichen Zutaten in einem Hochleistungsmixer pürieren.

Für eine glutenfreie Variante kannst du statt Hafermilch auch Sojamilch oder Kuhmilch verwenden. Mit Sojamilch hat dieses Rezept einen CO_2-Wert von 75 g, mit Kuhmilch sind es 133 g CO_2.

Statt Spinat kannst du z. B. auch übrig gebliebenen Brokkoli oder Gurke verwenden. Im Winter tauschst du Babyspinat mit Grünkohl.

Um den Proteingehalt zu erhöhen, kannst du Sojaflocken oder ein Proteinpulver hinzufügen.

Baked Porridge mit frischen Birnen

54 g CO_2 PRO PORTION

Dieses Rezept hat sich langfristig in Julians Alltag integriert, weil es unglaublich lecker und super einfach ist. Theoretisch kannst du schon alles bis auf das Obst am Vorabend vorbereiten. Am Morgen musst du dann nur noch die Birnen schneiden und das Porridge in den Ofen schieben.

2 PORTIONEN
40 MINUTEN

- 150 g zarte Haferflocken
- 3 EL Walnusskerne
- 2 EL Kürbiskerne
- 1 EL gem. Ceylon-Zimt (nach Belieben mehr)
- 1 Prise Salz
- 1 Prise frisch geriebene Muskatnuss
- 300 ml Hafermilch
- 2 kleine Birnen (z. B. Williams)
- 1 ½ TL weißer Rohrzucker (optional)

1. Backofen auf 180 °C Ober-/Unterhitze (155 °C Umluft) vorheizen.
2. Alle Zutaten bis auf die Birnen und den Rohrzucker in einer Auflaufform (Ø 18 cm) vermengen. Die Mischung darf ruhig etwas flüssig sein, da die Haferflocken noch quellen.
3. Birnen waschen, abtrocknen, entkernen und in 5 mm breite Streifen schneiden. Birnenstreifen auf das Porridge legen und im Ofen ca. 30 Minuten backen.
4. Porridge herausnehmen, Rohrzucker über die Birnen streuen und weitere 5 Minuten backen. Der Ofen kann bereits ausgeschaltet werden.

Im Sommer kannst du statt Birnen auch frische Beeren verwenden.

Walnüsse kannst du auch durch Haselnüsse und Birnen mit Pflaumen oder Zwetschgen ersetzen.

Für eine glutenfreie Variante nimmst du Hirseflocken und Sojamilch oder Kuhmilch.

Knackiger Birne-Walnuss-Salat

72 g CO_2

Dieser Salat liefert eine ordentliche Portion Omega-3-Fettsäuren aus den Walnüssen und Hanfsamen.

1 PORTION
10 MINUTEN

Für den Salat:
70 g Sonnenblumenkerne
2 Handvoll Spinat
50 g Walnusskerne
1 Birne
2 EL geschälte Hanfsamen

Für das Dressing:
1 Knoblauchzehe
1 ½ Bund Basilikum
1 EL Apfelessig
1 TL Löwenzahnhonig (siehe S. 140)
Salz und Pfeffer (nach Belieben)
1 Prise frisch geriebene Muskatnuss
1 TL ital. Kräuter

1. Für den Salat Sonnenblumenkerne in einer Pfanne ohne Fett ca. 3 Minuten anrösten. 4–5 EL davon in einen Hochleistungsmixer füllen und den Rest beiseitestellen.
2. Für das Dressing Knoblauch schälen, Basilikum und Spinat waschen und trocken schütteln. Hälfte vom Spinat beiseitestellen, den Rest mit 80 ml Wasser und den übrigen Dressingzutaten pürieren.
3. Walnüsse klein hacken. Birne waschen, abtrocknen, vierteln und entkernen. In kleine Würfel schneiden und zusammen mit den Walnusskernen und Hanfsamen zum Spinat geben und vermengen. Mit dem Dressing servieren.

Statt Löwenzahnhonig kannst du auch Zucker, Honig oder ein anderes Süßungsmittel verwenden. Die Birne tauschst du durch einen Apfel, z. B. Braeburn.

Maronensuppe

137 g CO_2

1 PORTION
60 MINUTEN

100 g Maronen mit Schale
50 g Champignons
50 g Pastinake
½ Zwiebel
3 getr. Wacholderbeeren
1 EL Olivenöl
200 ml Gemüsebrühe
Salz (nach Belieben)
bunter Pfeffer aus der Mühle (nach Belieben)
1/8 TL frisch geriebene Muskatnuss
8 Salbeiblätter
1 Stängel Petersilie

1. Backofen auf 220 °C Umluft (Ober-/Unterhitze nicht zu empfehlen) vorheizen.
2. Maronen kreuzweise einritzen und im Ofen ca. 30 Minuten backen, bis die Schale aufgeplatzt und die Maronen gar sind. Anschließend auskühlen lassen und schälen.
3. In der Zwischenzeit Champignons putzen. Pastinake waschen, abtrocknen und schälen. Zwiebel schälen und alle vorbereiteten Zutaten würfeln.
4. In einem Topf Wacholderbeeren in Olivenöl erhitzen. Zwiebeln dazugeben und ca. 4 Minuten glasig anschwitzen.
5. Champignons, Pastinakenwürfel und Maronen (2–3 zum Garnieren beiseitelegen) hinzufügen und weitere 4 Minuten anbraten.
6. Mit der Gemüsebrühe ablöschen, mit Salz, Pfeffer und Muskat würzen und ca. 15 Minuten auf mittlerer Stufe köcheln lassen.
7. In der Zwischenzeit Salbei und Petersilie waschen, trocken schütteln, abzupfen und grob hacken.
8. Kräuter unterheben und Suppe pürieren. Je nach gewünschter Konsistenz noch etwas Wasser hinzufügen.
9. In einer Suppenschale servieren und mit Maronen garnieren.

Bei selbst gemachter Gemüsebrühe verringert sich der CO_2-Ausstoß um 30 g.

Statt rohem Kürbis kannst du auch 200–250 g Kürbispüree (siehe S. 169) verwenden. Das verkürzt die Kochzeit.

Die Salbei-Croutons machen sich auch super in Pfannengerichten, als Füllung für Klöße oder als Salat-Topping.

Optional kann auch nur mit in Öl geschwenktem Salbei garniert werden.

Herbstliche Kürbis-Apfel-Suppe mit knusprigen Salbei-Croutons

95 g CO_2

1 PORTION
35 MINUTEN

400 g Muskatkürbis
40 g Möhre
2 mehligkochende Kartoffeln
½ süß-säuerlicher Apfel (z. B. Elstar)
1 Zwiebel
1 EL Rapsöl
250 ml Gemüsebrühe
10 Salbeiblätter
1 Scheibe Vollkornbrot (vom Vortag)
1 EL Olivenöl
½ TL Currypulver
½ TL Zucker
1 Prise frisch geriebene Muskatnuss
Salz (nach Belieben)
bunter Pfeffer aus der Mühle (nach Belieben)

1. Kürbis schälen und entkernen. Möhre und Kartoffeln waschen, abtrocknen und schälen. Vorbereitete Zutaten in 1 cm große Würfel schneiden.
2. Apfel waschen, abtrocknen und entkernen.
3. 3 dünne Scheiben abschneiden und beiseitelegen, den Rest fein würfeln. Zwiebel schälen und fein würfeln.
4. Rapsöl in einem Topf erhitzen und Zwiebeln darin glasig anschwitzen. Gemüse dazugeben, mit der Gemüsebrühe ablöschen und ca. 20 Minuten köcheln lassen.
5. In der Zwischenzeit die Salbeiblätter waschen und trocken schütteln. Vollkornbrot in Würfel schneiden und in einer Pfanne unter regelmäßigem Schwenken mit Olivenöl und dem Salbei ca. 4 Minuten braten.
6. Suppe pürieren, mit Currypulver, Zucker, Muskatnuss, Salz und Pfeffer würzen und in einer Suppenschale mit den Apfelschnitzen und Salbei-Croutons anrichten.

Sellerie-Carpaccio mit Pastinaken-Haselnuss-Creme

98 g CO_2

Dieses Rezept eignet sich ideal als Vorspeise.

1 PORTION
35 MINUTEN

Für das Carpaccio:

- 10 getr. Wacholderbeeren
- 200 g Knollensellerie
- 1 EL Balsamico-Essig
- 2 EL Olivenöl
- 1 Prise frisch geriebene Muskatnuss
- Salz (nach Belieben)
- bunter Pfeffer aus der Mühle (nach Belieben)
- Crema di Balsamico zum Garnieren

Für die Pastinaken-Haselnuss-Creme:

- 100 g gekochte Pastinake (vom Vortag)
- 30 g Haselnüsse
- 15 g Hefeflocken
- Salz (nach Belieben)
- schwarzer Pfeffer aus der Mühle (nach Belieben)
- 1 EL Olivenöl

1. Für das Carpaccio Wacholderbeeren in einem Mörser zerstoßen.
2. Knollensellerie waschen, abtrocknen, schälen und in 1–2 mm dünne Streifen schneiden. Streifen in einer Schüssel mit den Wacholderbeeren, Balsamico-Essig, Olivenöl, Muskat, Salz und Pfeffer vermengen.
3. Carpaccio ca. 30 Minuten ziehen lassen.
4. In der Zwischenzeit die Zutaten für die Creme mit 75 ml Wasser in einem Hochleistungsmixer zu einer glatten Masse pürieren.
5. Sellerie-Carpaccio auf einem flachen Teller anrichten.
6. Mit Crema di Balsamico und der Pastinaken-Haselnuss-Creme garnieren. Dazu mit 2 Esslöffeln die Pastinaken-Haselnuss-Creme zu Nocken formen und auf das Carpaccio legen.
7. Wenn du das Carpaccio ganz fein und noch etwas weicher möchtest, kannst du auch einen Schäler verwenden, um die Streifen zu schneiden.

Fränkische Kartoffelklöße

71 g CO_2 PRO KLOSS

2 KLÖSSE
30 MINUTEN

- 1 ½ EL Olivenöl
- ½ Scheibe Vollkornbrot (vom Vortag)
- 200 g gekochte Kartoffeln (vom Vortag)
- 50 g Kartoffelmehl
- 20 ml Sojamilch
- ¼ TL frisch geriebene Muskatnuss
- Salz (nach Belieben)
- ¼ TL Kräuter der Provence
- 1–2 EL Semmelbrösel

1. ½ EL Olivenöl in einer Pfanne erhitzen.
2. Brot in Würfel schneiden und ca. 4 Minuten anrösten.
3. Kartoffeln schälen und fein reiben. Mit Kartoffelmehl, Sojamilch, 20 ml warmem Wasser, Muskat, Salz und Kräutern vermengen, bis ein gleichmäßiger Teig entsteht.
4. In einem kleinen Topf etwa 400 ml Wasser erhitzen.
5. Die Hälfte des Kartoffelteigs in die Hand nehmen, platt drücken, 2–3 Brotwürfel darauflegen, zusammenklappen und zu einem runden Kloß formen. Mit der anderen Hälfte des Teigs genauso vorgehen.
6. Klöße ca. 20 Minuten im heißen (nicht kochenden) Wasser ziehen lassen.
7. Restliches Olivenöl in einer Pfanne erhitzen. Klöße in den Semmelbröseln wenden und ca. 4 Minuten im Olivenöl schwenken.

Soll das Gericht glutenfrei sein, kannst du die Semmelbrösel durch Hirseflocken ersetzen.

Damit sich der Aufwand lohnt, solltest du direkt die doppelte Menge machen und am nächsten Tag »Kloßbrocken« essen. Die Klöße dafür in mundgerechte Stücke schneiden und in etwas Olivenöl mit frisch geriebener Muskatnuss, Salz und Pfeffer anbraten.

Kürbispüree

36 g CO_2 PRO PORTION

Wir machen das Kürbispüree gerne im Ofen, um in der Zwischenzeit etwas anderes vorbereiten zu können. Es funktioniert aber auch, wenn man den Kürbis in einem Topf erhitzt.

CA. 600 G
45 MINUTEN

1 kg Hokkaidokürbis
2 EL Rapsöl
1 TL frisch geriebene Muskatnuss

1. Kürbis waschen, abtrocknen, entkernen und in ca. 1 cm große Würfel schneiden.
2. Backofen auf 200 °C Ober-/Unterhitze (175 °C Umluft) vorheizen.
3. Kürbis in einer großen Schüssel mit Rapsöl und Muskatnuss vermengen.
4. Anschließend auf ein mit Backpapier ausgelegtes Backblech verteilen und ca. 35 Minuten backen. Mit einer Gabel in den Kürbis stechen, um zu testen, ob er gar ist.
5. Gebackenen Kürbis kurz abkühlen lassen und pürieren.

Wenn du das Kürbispüree für ein herzhaftes Gericht verwendet willst, kannst du auch direkt Salz und Pfeffer hinzufügen.

Herbstliche Kürbisquiche

388 g CO_2 PRO PORTION

Die Kürbisquiche ist definitiv eines unserer Lieblingsrezepte in diesem Buch. Wir finden, dass die Kürbiscreme der Quiche einen herrlich herbstlichen Touch verleiht.

1 QUICHE
30 MINUTEN + 20 MINUTEN BACKEN

Für den Teig:

2 EL geschrotete Leinsamen
150 g Weizenmehl (Type 1050)
65 g Buchweizenmehl
75 g vegane Butter
2 EL Sonnenblumenöl
½ TL Salz

Für die Füllung:

220 g Champignons
3 Stängel Staudensellerie
220 g Cherrytomaten
3 Möhren
1 Zwiebel
2 Knoblauchzehen
2 EL Olivenöl
50 g Sonnenblumenkerne
¾ EL ital. Kräuter
Salz (nach Belieben)
bunter Pfeffer aus der Mühle (nach Belieben)

Für die Creme:

420 g Kürbispüree (siehe S. 169)
125 ml Hafersahne (siehe S. 116)
75 g Kichererbsenmehl
½ EL Gemüsebrühpulver
1 ½ EL Hefeflocken
¼ TL Rauchsalz
¾ TL frisch geriebene Muskatnuss
Salz (nach Belieben)
bunter Pfeffer aus der Mühle (nach Belieben)

1. Für den Teig Leinsamen mit 60 ml Wasser in einer Schüssel vermengen und ca. 5 Minuten quellen lassen.
2. In der Zwischenzeit für die Füllung Champignons putzen und in Scheiben schneiden. Restliches Gemüse für die Füllung waschen und abtrocknen. Möhren, Zwiebel und Knoblauch schälen und fein würfeln.
3. Leinsamen mit den anderen Teigzutaten zu einem glatten Teig verkneten.
4. Teig dünn ausrollen und in einer Tarteform (Ø 28 cm) auslegen.
5. Staudensellerie klein schneiden.

6. Backofen auf 200 °C Ober-/Unterhitze (175 °C Umluft) vorheizen. In 2 Pfannen je 1 EL Olivenöl erhitzen. Pilze zusammen mit den Sonnenblumenkernen in einer Pfanne anbraten. In der anderen Pfanne Zwiebeln und Knoblauch glasig anschwitzen und das restliche Gemüse hinzufügen.
7. Die Pilze und das Gemüse jeweils mit Salz, Pfeffer und italienischen Kräutern würzen.
8. Für die Creme alle Zutaten vermengen und dünn auf den Tarteboden aufstreichen. Gemüsemischung darauf verteilen, restliche Creme drüberstreichen und mit den Pilzen abschließen.
9. Quiche im Ofen ca. 30–35 Minuten backen.

Um den Teig in der Form wirklich ganz dünn zu streichen, verwenden wir gerne einen Esslöffel.

Überbackener Kohlrabi-Mandel-Auflauf

85 g CO_2

1 PORTION
55 MINUTEN

Für den Auflauf:
1 Kohlrabi
150 ml Gemüsebrühe
150 ml Hafermilch
30 g vegane Butter
3 EL Weizenmehl (Type 405)
Salz (nach Belieben)
schwarzer Pfeffer aus der Mühle (nach Belieben)
¼ TL gem. Muskat
½ TL gem. Kümmel
1 EL Kürbiskerne

Für die Hefeflocken-Mandel-Mischung:
2 EL Hefeflocken
2 EL Mandelmus
Salz (nach Belieben)
schwarzer Pfeffer aus der Mühle (nach Belieben)
1 EL Kräuter der Provence

1. Für den Auflauf Kohlrabi schälen und in Scheiben schneiden.
2. Gemüsebrühe und Hafermilch in einem Topf erhitzen und Kohlrabischeiben darin 10 Minuten garen. Scheiben herausnehmen, kurz abtropfen lassen und in einer Auflaufform (20 x 15 cm) verteilen. ⅓ der Kochflüssigkeit aufbewahren.
3. Backofen auf 200 °C Ober-/Unterhitze (175 °C Umluft) vorheizen. In der Zwischenzeit in einer Pfanne Butter erhitzen und schrittweise Mehl hinzufügen, sodass eine Mehlschwitze entsteht.
4. Kochflüssigkeit des Kohlrabis dazugießen und mit einem Schneebesen glatt rühren.
5. Soße mit Salz, Pfeffer, Muskat und Kümmel abschmecken und ca. 15 Minuten köcheln lassen.
6. Fertige Soße über den Kohlrabi gießen und im Ofen ca. 20 Minuten backen.
7. In der Zwischenzeit die Zutaten für die Hefeflocken-Mandel-Mischung mit 100 ml heißem Wasser verrühren. Kürbiskerne klein hacken.
8. Auflauf herausnehmen, Hefeflocken-Mandel-Mischung darauf verteilen und ca. weitere 5 Minuten backen.
9. Anschließend herausnehmen, mit Kürbiskernen garnieren und servieren.

Mit selbst gemachter Gemüsebrühe kannst du ganz einfach die CO_2-Emissionen um 22 g reduzieren.

Kohlrabi ersetzen? Für Abwechslung sorgt eine Mischung aus Rote Bete und Kartoffeln.

Soll das Gericht vegetarisch sein, kannst du zum Überbacken auch Käse verwenden.

Gebackene Maronen können ebenfalls als Topping verwendet werden.

Risotto brennt beim Kochen schnell an. Sobald der Großteil der Flüssigkeit verdampft ist, sollte man regelmäßig rühren. Falls der Reis noch nicht gar ist, noch ein wenig Wasser hinzufügen.

Kürbis-Risotto mit Kräuterseitlingen

139 g CO_2

1 PORTION
60 MINUTEN

200 ml Gemüsebrühe
120 ml Hafermilch
75 g Vollkorn-Risottoreis
100 g Bio-Hokkaidokürbis
100 g Kräuterseitlinge
1 Zwiebel
1 Gewürznelke
1 EL Olivenöl
¾ EL getr. Oregano
Salz (nach Belieben)
bunter Pfeffer aus der Mühle (nach Belieben)
½ TL frisch geriebene Muskatnuss
½ EL Paprikapulver (edelsüß)
2 EL Kürbiskerne

1. In einem Topf Gemüsebrühe und Hafermilch zum Kochen bringen und den Risottoreis darin nach Packungsanweisung garen.
2. Kürbis waschen, abtrocknen, entkernen und in 1 cm große Würfel schneiden. Anschließend zum Reis geben.
3. Kräuterseitlinge putzen und in mundgerechte Stücke schneiden. Zwiebel schälen und fein würfeln.
4. Gewürznelke mit einem Mörser klein zerstoßen.
5. Olivenöl in einer Pfanne erhitzen. Kräuterseitlinge und Gewürznelke ca. 3 Minuten anbraten. Mit Oregano, Salz und Pfeffer würzen.
6. Zwiebelwürfel dazugeben und ca. weitere 5 Minuten anbraten. Anschließend beiseitestellen.
7. Kürbis-Risotto mit Salz, Pfeffer, Paprikapulver und Muskat würzen.
8. Kürbiskerne ohne Fett in einer Pfanne unter stetigem Schwenken 2–3 Minuten anrösten.
9. Kräuterseitlinge mit dem Risotto vermengen und auf einem Teller mit den Kürbiskernen anrichten.

Quinoa wird mittlerweile auch schon in Europa angebaut. Sollte kein regionaler Quinoa verfügbar sein, kannst du stattdessen auch Hirse, Couscous oder Bulgur verwenden.

Um den Proteingehalt zu erhöhen, fügst du einfach Tofu oder Hühnchen hinzu.

Nach der Richtlinie der »Planetary Health Diet« ist eine Zufuhr von maximal 200 g Hühnchen pro Woche umweltgerecht.

Brokkoli-Champignon-Bowl

162 g CO_2

Das Basilikum für dieses Gericht kannst du einfach auf dem Fensterbrett ziehen. Lauchzwiebeln gibt's normalerweise bis September aus dem Freilandanbau, zu dieser Zeit sind sie auch am aromatischsten.

1 PORTION
30 MINUTEN

- Salz (nach Belieben)
- 50 g Quinoa
- 200 g Champignons
- 3 Lauchzwiebeln
- 1 mittelgroßer Brokkoli
- 2 EL Rapsöl
- 2 TL getr. Oregano
- schwarzer Pfeffer aus der Mühle (nach Belieben)
- 1 Topf Basilikum

1. In einem Topf 400 ml Salzwasser erhitzen. Quinoa kurz in einem feinmaschigen Sieb mit heißem Wasser abspülen.
2. Champignons putzen, Lauchzwiebeln und Brokkoli waschen und abtrocknen. Brokkoli und Champignons in mundgerechte Stücke schneiden. Brokkoli zusammen mit der Quinoa ca. 15 Minuten köcheln lassen, bis das Wasser verdunstet ist.
3. In der Zwischenzeit die Enden der Lauchzwiebeln abschneiden und Lauchzwiebeln in dünne Ringe schneiden.
4. Öl in einer Pfanne auf mittlerer Stufe erhitzen und Lauchzwiebeln und Champignons darin anbraten. Nach ca. 3 Minuten Oregano hinzufügen, mit Salz und Pfeffer würzen und weitere 5 Minuten braten.
5. Basilikum waschen, trocken schütteln und Blätter abzupfen.
6. Brokkoli-Quinoa-Mischung mit in die Pfanne geben und alles miteinander vermengen. Mit Salz und Pfeffer abschmecken.
7. Auf 4 Tellern anrichten und mit den Basilikumblättern garnieren.

Herbstpizza mit Kürbissoße

210 g CO_2 PRO PORTION

1 PIZZA/ 1 BLECH
25 MINUTEN ARBEITSZEIT + 60 MINUTEN GEHZEIT + 20 MINUTEN BACKZEIT

Für den Teig:
400 g Dinkelmehl (Type 630)
1 ½ TL Salz
4 EL Olivenöl
1 Päckchen Trockenhefe

Für die Soße:
1 Zwiebel
2 Knoblauchzehen
1 EL Olivenöl
300 g Kürbispüree (siehe S. 169)
¾ EL ital. Kräuter
½ EL Tomatenmark
1 Prise frisch geriebene Muskatnuss
Salz (nach Belieben)
bunter Pfeffer aus der Mühle (nach Belieben)

Für den Belag:
60 g Champignons
60 g veganer Streukäse
3 EL schwarzer Sesam
8 getr. Zweige Thymian (oder 2 TL getr. Thymian)
3 EL Walnusskerne

1. Für den Teig Mehl und Salz in einer Schüssel vermengen und eine Mulde formen. Olivenöl, 200 ml lauwarmes Wasser und Hefe hineingeben.
2. Teig ca. 10 Minuten per Hand kneten, bis er geschmeidig ist. Anschließend abgedeckt 1 Stunde ruhen lassen.
3. In der Zwischenzeit für die Soße Zwiebel und Knoblauch schälen und fein würfeln. Olivenöl in einem Topf erhitzen und beides darin andünsten.
4. Restliche Zutaten für die Soße mit 200 ml Wasser in einem Topf pürieren. Anschließend erhitzen und ca. 15 Minuten zugedeckt köcheln lassen.
5. Für den Belag Champignons putzen und in Scheiben schneiden.
6. Backofen auf 200 °C Ober-/Unterhitze (175 °C Umluft) vorheizen. Teig ausrollen und Kürbissoße darauf verteilen.
7. Restlichen Belag auf der Pizza verteilen und im Ofen ca. 20 Minuten backen.

Für eine vegetarische Variante kannst du normalen Streukäse verwenden.

Kürbiskuchen

146 g CO_2 PRO PORTION

1 KUCHEN
50 MINUTEN + ABKÜHLZEIT

Für den Boden:
250 g Weizenmehl (Type 405)
110 g kalte vegane Butter
2 TL Pumpkin-Pie-Gewürzmischung*
½ TL Salz
2 TL brauner Zucker

***Pumpkin-Pie-Gewürzmischung:**
5 TL gem. Ceylon-Zimt
1 TL gem. Muskat
1 TL gem. Nelken
1 TL gem. Piment
2 TL gem. Ingwer

Für die Füllung:
600 g Kürbispüree
1 ½ EL Sonnenblumenöl
60 g brauner Zucker
2 EL Pumpkin-Pie-Gewürzmischung*
½ TL Salz
30 g Maisstärke
150 ml Sojamilch

Für die Streusel (optional):
140 g Weizenmehl (Type 405)
70 g Zucker
100 g vegane Butter

Für die Kürbiscreme (optional):
100 g Cashewkerne
175 g TK-Kürbispüree
20 g brauner Zucker
1 Prise Salz
2 TL Pumpkin-Pie-Gewürzmischung
75 ml Hafermilch (oder Sojamilch)

1. Alle Zutaten für den Boden in einer Schüssel verrühren. Nach und nach 50 ml eiskaltes Wasser hinzufügen, bis ein klebriger Teig entsteht.
2. Backofen auf 200 °C Ober-/Unterhitze (175 °C Umluft) vorheizen. Teig dünn ausrollen, in einer runden Kuchenform (Ø 25 cm) auslegen und im Ofen ca. 10 Minuten backen.
3. In der Zwischenzeit die Zutaten für die Füllung verrühren und wahlweise die Zutaten für die Streusel krümelig zerkneten.
4. Füllung auf dem Teigboden verteilen, übrigen Teig dünn auf die Füllung legen und falls gewünscht, mit Streuseln garnieren.
5. Kuchen ca. 30–35 Minuten backen. Anschließend abkühlen lassen.
6. Für die optionale Kürbiscreme Cashewkerne ca. 15 Minuten in Wasser einweichen. Anschließend abgießen, abspülen und mit den restlichen Zutaten in einem Hochleistungsmixer cremig pürieren.
Die Creme als Topping auf dem Kuchen verteilen.

Kaiserschmarrn mit warmem Pflaumenröster

63 g CO_2 PRO PORTION

2 PORTIONEN
50 MINUTEN

Für den Pflaumenröster:
200 g Pflaumen
20 g brauner Zucker
1 Prise gem. Nelken (nach Belieben mehr)
1 EL Zitronensaft
1 TL gem. Ceylon-Zimt

Für den Kaiserschmarrn:
300 ml Sojamilch
140 g Dinkelmehl (Type 1050)
50 ml Mineralwasser (optional)
20 g brauner Zucker
15 g Backpulver
1 Prise Salz
1 EL Sonnenblumenöl zum Braten

1. Für das Kompott Pflaumen waschen, abtrocknen, halbieren und entkernen. Zucker, Nelkenpulver, Zitronensaft, 40 ml Wasser und Zimt in einem Topf erhitzen. Pflaumen dazugeben, Hitze auf mittlere Stufe reduzieren und unter regelmäßigem Rühren ca. 25 Minuten köcheln lassen, bis die Pflaumen zerfallen. Anschließend abkühlen lassen.
2. Für den Teig alle Zutaten zu einem glatten Teig verrühren.
3. Sonnenblumenöl in einer großen Pfanne erhitzen, Teig dazugeben und die Hitze auf mittlere Stufe reduzieren.
4. Teig ca. 7–9 Minuten ausbacken, bis die Oberseite nicht mehr flüssig ist. Teig vierteln, wenden und weitere 5 Minuten ausbacken.
5. Kaiserschmarrn mit Pfannenwender in mundgerechte Stücke zerreißen und 2–3 Minuten goldbraun backen.
6. Zusammen mit dem warmen Pflaumenröster servieren.

Das Mineralwasser kannst du auch weglassen, allerdings wird der Kaiserschmarrn dann nicht so fluffig.

Statt Pflaumen kannst du auch Pfirsiche, Birnen oder klassische Zwetschgen verwenden.

Winter

Milchreis mit Apfel-Zimt-Kompott

83 g CO_2

1 PORTION
30 MINUTEN

Für den Milchreis:
200 ml Sojamilch
50 g Milchreis
2 EL Rosinen
¼ TL gem. Ceylon-Zimt

Für das Apfel-Zimt-Kompott:
2 kleine Äpfel (z. B. Boskop)
1 ½ EL Rohrohrzucker
1 EL gem. Ceylon-Zimt + etwas mehr zum Garnieren

1. Für den Milchreis Sojamilch in einem Topf erhitzen und Milchreis, Rosinen und Zimt ca. 25 Minuten darin kochen.
2. In der Zwischenzeit für das Kompott Äpfel waschen, abtrocknen, entkernen und klein würfeln. In einer Pfanne ohne Öl ca. 5 Minuten unter stetigem Rühren erhitzen.
3. Rohrohrzucker dazugeben und karamellisieren lassen.
4. Zimt und etwas Wasser dazugeben.
5. Apfel-Zimt-Kompott auf dem Milchreis verteilen und mit Zimt garnieren.

Das Apfel-Zimt-Kompott ist eine gute Möglichkeit, etwas ältere Äpfel zu verwerten, die schon nicht mehr so knackig sind.

Winterliche Smoothie-Bowl

43 g CO_2

Smoothies sind eine herrliche Möglichkeit, um Reste zu verwerten. In dieser Bowl kann übrig gebliebenes Kürbispüree aufgebraucht werden. Außerdem wird Orangenschale verwendet, die sonst oft im Biomüll landet.

1 PORTION
10 MINUTEN

Für den Smoothie:

1 Apfel
1 Bio-Orange
3 Gewürznelken
1 TL gem. Ceylon-Zimt + etwas mehr zum Garnieren
180 g Kürbispüree (siehe S. 169)
⅛ TL frisch geriebene Muskatnuss
200 ml Hafermilch
½ EL Löwenzahnhonig (siehe S. 140)

Für das Topping:

50 g Haferflocken
1 EL Kürbiskerne

1. Apfel und Orange waschen und abtrocknen, Apfel entkernen und vierteln. 3 dünne Scheiben abschneiden und zum Dekorieren beiseitelegen. Restlichen Apfel in grobe Stücke schneiden.
2. Mit einem Zestenreißer Orangenschale abschälen. Möglichst wenig vom weißen Teil der Orange abschälen.
3. Alle Zutaten für den Smoothie in einem Hochleistungsmixer cremig pürieren.
4. Haferflocken in einer Schüssel mit dem Smoothie vermischen. Mit Apfelscheiben, Kürbiskernen und Zimt garnieren.

Statt Löwenzahnhonig kannst du zum Süßen auch Honig, Rohrzucker oder Trockenfrüchte verwenden.

Rote-Bete-Apfel-Suppe

89 g CO_2

1 PORTION
70 MINUTEN

250 g Rote Bete
1 rote Zwiebel
1 ½ EL Olivenöl
½ süß-säuerlicher Apfel
Salz (nach Belieben)
bunter Pfeffer aus der Mühle (nach Belieben)
1 Scheibe Vollkornbrot (vom Vortag)
25 g Walnusskerne
3 Stiele Schnittlauch zum Garnieren

1. Rote Bete waschen und ungeschält je nach Größe in einem Topf mit Wasser ca. 30–50 Minuten kochen. Kochwasser bis auf 250 ml abgießen. Rote Bete herausnehmen, kurz abkühlen lassen, schälen und klein schneiden.
2. Zwiebel schälen und fein würfeln. 1 EL Olivenöl in einem Topf erhitzen, Zwiebeln dazugeben und glasig andünsten. Rote Bete dazugeben.
3. Apfel waschen, abtrocknen, entkernen und fein würfeln.
4. Die Hälfte des Apfels zur Roten Bete geben und cremig pürieren. Mit Salz und Pfeffer würzen und auf niedriger Stufe weiterköcheln lassen.
5. Restliches Olivenöl in einer Pfanne erhitzen. Vollkornbrot würfeln und kross anbraten. Walnusskerne fein hacken. Schnittlauch waschen, trocken schütteln und in kleine Ringe schneiden.
6. Restlichen Apfel zur Suppe geben und mit Vollkorn-Croutons, Walnusskernen und Schnittlauch garnieren.

Um möglichst energieeffizient zu kochen, kannst du eine größere Menge Rote Bete zubereiten und für den Rote-Bete-Apfel-Salat (siehe S. 190) verwenden.

Winterliche Rotkohlsuppe

163 g CO_2

1 PORTION
55 MINUTEN

250 g Rotkohl
1 EL Rapsöl
5 getr. Wacholderbeeren
2 getr. Lorbeerblätter
3 Gewürznelken
1 TL Kümmel
1 Zwiebel
Salz (nach Belieben)
350 ml Gemüsebrühe
schwarzer Pfeffer aus der Mühle (nach Belieben)
30 ml Balsamico-Essig
2 EL Mandelmehl
2 EL Hefeflocken
30 g Walnusskerne
1–2 Scheiben Vollkornbrot

1. Rotkohl waschen, abtrocknen und in grobe Stücke schneiden.
2. Rapsöl mit den Wacholderbeeren, Lorbeerblättern, Gewürznelken und Kümmel in einem Topf erhitzen.
3. Zwiebel schälen, grob würfeln und mit dem Rotkohl in den Topf geben. Salzen und ca. 25 Minuten unter regelmäßigem Rühren auf mittlerer Hitze dünsten. Damit der Kohl nicht anbrennt, kann man ab und zu ein klein wenig Wasser hinzugeben.
4. Gemüsebrühe dazugeben und 15 weitere Minuten köcheln lassen.
5. Einen kleinen Teil des Kohls mit einer Gabel herausnehmen und zum Garnieren beiseitelegen. Pfeffer, Balsamico-Essig, Mandelmehl und Hefeflocken unterrühren.
6. Lorbeerblätter herausnehmen und Suppe glatt pürieren.
7. 3 Walnusskerne zum Garnieren beiseitelegen und den Rest klein hacken. Anschließend unterheben.
8. Suppe mit restlichen Walnusskernen und Rotkohl garnieren und mit Vollkornbrot servieren.

Wenn du magst, kannst du auch noch einen halben Apfel dazugeben. Dadurch steigt der CO_2-Wert um 3,6 g.
Bei selbst gemachter Gemüsebrühe kannst du den CO_2-Wert um 52 g reduzieren.

Frischer Grapefruit-Minze-Salat

112 g CO_2

Ein herrlich erfrischender Salat! Minze kannst du ganz einfach selbst pflanzen. Übrigens hat die Grapefruit durch ihren CO_2-armen Anbau trotz des Transports aus dem Süden eine gute CO_2-Bilanz!

1 PORTION
15 MINUTEN

Für den Salat:
2 EL Sonnenblumenkerne
1 kleine Möhre
1 Grapefruit
3 Stängel Minze (ca. 5 g)
40 g Feldsalat

Für das Dressing:
½ EL Löwenzahnhonig (siehe S. 140) oder Honig
2 EL Olivenöl
½ EL Balsamico-Essig
½ EL Crema di Balsamico
½ EL ital. Kräuter
Salz (nach Belieben)
bunter Pfeffer aus der Mühle (nach Belieben)

1. Für den Salat Sonnenblumenkerne in einer Pfanne ohne Öl 2–3 Minuten anrösten und beiseitestellen.
2. Möhre waschen, abtrocknen, schälen und raspeln. Grapefruit schälen und filetieren. Beim Filetieren möglichst wenig von der Schale an der Grapefruit lassen.
3. Minzblätter und Feldsalat waschen und trocken schütteln. Minze abzupfen und klein hacken.
4. Für das Dressing alle Zutaten vermengen und mit Feldsalat, Minze, Möhre und Grapefruit in einer Schüssel anrichten. Mit Sonnenblumenkernen garnieren.

Wenn du eine Bio-Grapefruit kaufst, kannst du die Schale aufheben und in Smoothies verwenden. In ihr steckt viel Vitamin C!

Rote-Bete-Apfel-Salat

63 g CO_2

1 PORTION
15 MINUTEN

250 g gekochte Rote Bete
½ süß-säuerlicher Apfel (z. B. Elstar)
½ rote Zwiebel
75 g Grünkohl
Salz (nach Belieben)
1 EL Olivenöl
½ EL Apfelessig
1 EL Sonnenblumenkerne
1 EL Kürbiskerne

1. Rote Bete ggf. schälen und in Streifen schneiden. Apfel waschen, abtrocknen, entkernen und in kleine Stücke schneiden.
2. Zwiebel schälen und fein würfeln.
3. Grünkohl waschen, trocken schütteln und Blätter in mundgerechte Stücke zupfen. Anschließend salzen und 2–3 Minuten einmassieren, bis der Grünkohl weich wird. Grünkohl mit den anderen vorbereiteten Zutaten vermengen.
4. Olivenöl und Apfelessig dazugeben.
5. Sonnenblumenkerne und Kürbiskerne in einer Pfanne ohne Fett ca. 3 Minuten rösten.
6. Salat anrichten und mit den Kernen garnieren.

Besonders lecker ist der Salat, wenn du noch etwas (veganen) Hirtenkäse hinzufügst.

Übrig gebliebener Grünkohl, Rote Bete und Apfel können auch super in einem Smoothie aufgebraucht werden.

Für eine optimierte Nährstoffaufnahme des Grünkohls solltest du ihn gut kauen, um die Zellwände aufzubrechen. Tatsächlich wird empfohlen, grundsätzlich 30-mal zu kauen, bevor man schluckt. Das Mitzählen ist auch eine gute Achtsamkeitsübung.

Würziges Dressing mit gebackenem Knoblauch

40 g CO_2

CA. 175 ML
30 MINUTEN

100 g Knoblauchzehen
25 ml Balsamico-Essig
1 EL Kräuter der Provence
1 EL Löwenzahnhonig (siehe S. 140)
1 TL Salz
1 TL schwarzer Pfeffer aus der Mühle
¼ TL gem. Muskat

1. Backofen auf 200 °C Ober-/Unterhitze (175 °C Umluft) vorheizen.
2. Knoblauchzehen schälen und auf einem mit Backpapier ausgelegten Blech ca. 15–25 Minuten (je nach Größe) im Ofen goldbraun rösten.
3. Anschließend Knoblauchzehen mit restlichen Zutaten und 100 ml Wasser glatt pürieren.
4. Dressing gekühlt in einem verschlossenen Bügelglas aufbewahren.

Falls du keinen Löwenzahnhonig zur Hand hast, kannst du auch 1 EL Rosinen oder ½ TL Zucker verwenden.

Sollten die Knoblauchzehen sehr unterschiedlich groß sein, kannst du zuerst die großen Zehen im Ofen backen und die kleineren 5-10 Minuten später.

Zweierlei Kartoffelstampf

117 g CO_2 PRO PORTION

4 PORTIONEN (ALS BEILAGE)
40 MINUTEN

Für den Kartoffel-Sellerie-Stampf:

200 g mehligkochende Kartoffeln
100 g Knollensellerie
3 Halme Schnittlauch zum Garnieren
75 ml Hafersahne (siehe S. 116)
Salz (nach Belieben)
schwarzer Pfeffer aus der Mühle (nach Belieben)
Kümmel zum Garnieren

Für die Pfannen-Mischung:

2 Zwiebeln
2 Knoblauchzehen
2 EL Olivenöl
½ EL Kümmel

Für den Kartoffel-Erbsen-Stampf:

200 g mehligkochende Kartoffeln
100 g TK-Erbsen
1 TL Kräuter der Provence
75 ml Hafersahne (siehe S. 116)
Salz (nach Belieben)
schwarzer Pfeffer aus der Mühle (nach Belieben)
rosa Pfeffer zum Garnieren

1. In 2 Töpfen Salzwasser zum Kochen bringen. Kartoffeln für beide Rezepte und Knollensellerie waschen, abtrocknen, schälen und in mundgerechte Stücke schneiden. Hälfte der Kartoffeln mit dem Knollensellerie in den einen und restliche Kartoffeln in den anderen Topf geben. Ca. 15 Minuten gar kochen.
2. In der Zwischenzeit für die Pfannen-Mischung Zwiebeln und Knoblauch schälen und fein würfeln.
3. Olivenöl und Kümmel in einer Pfanne erhitzen, bis der Kümmel zu springen beginnt. Zwiebeln hinzufügen und ca. 2 Minuten glasig anschwitzen. Knoblauch dazugeben, weitere 3 Minuten braten und beiseitestellen.
4. Schnittlauch waschen, trocken schütteln und in feine Ringe schneiden. Kochwasser aus den Töpfen abgießen und je eine Hälfte der Pfannen-Mischung hinzufügen. Jeweils die restlichen Zutaten hinzufügen, gut vermengen und ca. 10 Minuten auf niedriger Hitze köcheln lassen. Anschließend glatt pürieren.
5. Kartoffelstampf in 2 getrennten Schalen servieren. Erbsenstampf mit rosa Pfeffer und Selleriestampf mit Kümmel garnieren.

Statt Sellerie kannst du auch Petersilienwurzel oder Rote Bete verwenden.

Kartoffelstampf ist eine einfache und schnelle Möglichkeit, um Kartoffeln vom Vortag aufzubrauchen.

Grünkernbraten

142 g CO_2 PRO PORTION

2 PORTIONEN
70 MINUTEN

Für den Braten:
500 ml Gemüsebrühe
150 g Grünkernschrot
1 Möhre
1 große Zwiebel
60 g Staudensellerie
50 g Lauch
1 EL Rapsöl
1 TL Kümmel
1 TL Rauchsalz
¾ EL getr. Majoran
¾ EL getr. Thymian
1 Prise frisch geriebene Muskatnuss
schwarzer Pfeffer aus der Mühle
170 g Kartoffelmehl
30 g vegane Butter
2 EL geschrotete Leinsamen
3 EL Hefeflocken
1 EL Sonnenblumenöl

Für die Soße:
½ Zwiebel
2 Knoblauchzehen
1 EL Albaöl (Rapsöl mit Butteraroma)
25 g getr. Steinpilze
250 ml Gemüsebrühe
3 getr. Wacholderbeeren
2 getr. Lorbeerblätter
Salz (nach Belieben)
schwarzer Pfeffer aus der Mühle
1 Prise frisch geriebene Muskatnuss
1 TL getr. Thymian
¼ TL Zucker

1. Backofen auf 175 °C Ober-/Unterhitze (150 °C Umluft) vorheizen. Für den Braten Gemüsebrühe zum Kochen bringen. Grünkernschrot hinzufügen, Hitze reduzieren und ca. 15 Minuten quellen lassen.
2. In der Zwischenzeit Möhre waschen und abtrocknen. Zwiebel und Möhre schälen und in feine Würfel schneiden. Staudensellerie und Lauch waschen, abtrocknen und ebenfalls in kleine Stücke schneiden.
3. Rapsöl in einer Pfanne erhitzen und Kümmel hinzufügen. Gemüse dazugeben und 5 Minuten andünsten.
4. Gemüse mit Grünkernschrot, 60 ml Wasser und den restlichen Zutaten für den Braten vermengen und ca. 10 Minuten ruhen lassen.

5. Mischung in eine ca. 20 cm lange Kastenform füllen und im Ofen ca. 40 Minuten backen.
6. Für die Soße Zwiebel und Knoblauch schälen und fein würfeln. Albaöl in einem Topf erhitzen und Zwiebeln und Knoblauch hinzugeben. Steinpilze mit der Gemüsebrühe und Wacholderbeeren pürieren und ebenfalls unterrühren. Mit Lorbeerblättern aufkochen lassen. Gewürze hinzufügen und bei mittlerer bis niedriger Hitze köcheln, bis der Grünkernbraten fertig ist.

Alternativ passt auch das Knoblauchdressing (siehe S. 191) gut als Soße.

Dazu passen Kartoffelstampf (siehe S. 193) oder Klöße (siehe S. 168).

Wenn du selbst gemachte Gemüsebrühe verwendest, kannst du die CO_2-Werte um 46 g pro Portion reduzieren.

Wirsingrouladen mit würziger Grünkern-Füllung

178 g CO_2

1 PORTION
55 MINUTEN

- 80 g Grünkernschrot
- 140 g Champignons
- 3 getr. Wacholderbeeren
- 1 EL Rapsöl
- 1 TL Kümmel
- 1 Zwiebel
- 1 Knoblauchzehe
- 1 TL Kräuter der Provence
- 4 EL Kartoffelmehl
- 30 g gekochte Rote Bete (vom Vortag, optional)
- 3 Halme Schnittlauch
- 8 Wirsingblätter
- 1 EL Albaöl
- 300 ml Gemüsebrühe
- Salz (nach Belieben)
- schwarzer Pfeffer aus der Mühle (nach Belieben)
- ½ TL Zucker

1. Grünkernschrot kurz in einem Topf mit Wasser aufkochen und ca. 15 Minuten quellen lassen. Dabei regelmäßig rühren.
2. In der Zwischenzeit Champignons putzen, klein würfeln und beiseitestellen. Wacholderbeeren in einem Mörser zerstoßen.
3. Rapsöl in einer Pfanne erhitzen und Kümmel, Champignons und Wacholderbeeren hinzufügen.
4. Zwiebel und Knoblauch schälen und fein würfeln. Zusammen mit den Kräutern der Provence zu den Pilzen geben und ca. 5 Minuten anbraten.
5. Champignon-Mischung in eine Schüssel geben. Grünkernschrot ggf. abseihen, dann Kartoffelmehl und Rote Bete dazugeben und gut vermengen. Schnittlauch waschen, trocken schütteln, in feine Ringe schneiden und beiseitestellen.
6. Wirsingblätter blanchieren, trocken schütteln, mit der Champignon-Grünkern-Mischung befüllen und mit Küchengarn verknoten.
7. In einem breiten Topf Albaöl erhitzen und Wirsingrouladen darin schwenken. Mit Gemüsebrühe ablöschen und ca. 10 Minuten schmoren, wenden und weitere 10 Minuten braten.

8. Wirsingrouladen herausnehmen und gut abtropfen lassen.
9. 100 ml der Gemüsebrühe auffangen, kurz aufkochen lassen und mit Schnittlauch, Salz, Pfeffer und Zucker abschmecken. Soße zu den Wirsingrouladen servieren.

Die Menge der Roten Bete kann variieren, je nachdem, wie viel du übrig hast.

Statt Wirsing kannst du auch Weißkohl verwenden.

Das Knoblauchdressing (siehe S. 191) bietet sich ebenfalls als Soße an.

Die Schalen von Steckrüben kannst du sehr gut nutzen, um eine Gemüsebrühe zu kochen.

Steckrüben-Kartoffel-Topf mit Räuchertofu

108 g CO_2

1 PORTION
50 MINUTEN

100 g festkochende Kartoffeln
200 g Steckrüben
1 Zwiebel
100 g Räuchertofu
1 EL Rapsöl
2 getr. Lorbeerblätter
1 TL Kümmel
200 ml Gemüsebrühe
1 TL getr. Majoran
1 Apfel
Salz (nach Belieben)
bunter Pfeffer aus der Mühle (nach Belieben)
1 El Olivenöl
4 Halme Schnittlauch

1. Kartoffeln und Steckrüben waschen, abtrocknen und schälen. Beides in mundgerechte Stücke schneiden. Kartoffelschalen aufheben.
2. Zwiebel schälen und fein würfeln.
3. Räuchertofu in 1 cm hohe Würfel schneiden.
4. Rapsöl mit Lorbeerblättern, Kümmel und Steckrüben in einem Topf erhitzen und ca. 5 Minuten anbraten.
5. Mit Gemüsebrühe ablöschen, Majoran hinzufügen und ca. 20 Minuten garen.
6. Nach 15 Minuten Kochzeit den Apfel waschen, abtrocknen, vierteln, entkernen und fein würfeln. Apfel zusammen mit den Kartoffelstücken zum Eintopf hinzufügen und mit Salz und Pfeffer würzen. Eintopf weitere 20 Minuten garen.
7. Kartoffelschalen in feine Streifen schneiden und in einer kleinen Pfanne mit Olivenöl ca. 5 Minuten scharf anbraten.
8. Schnittlauch waschen, trocken schütteln und klein hacken.
9. Eintopf in einem Suppenteller anrichten und mit Schnittlauch und frittierten Kartoffelschalen garnieren.

Winterlicher Wurzelgemüse-Eintopf mit Sojaschnetzeln

53 g CO_2 PRO PORTION

2 PORTIONEN
60 MINUTEN

- 20 g getr. Steinpilze
- 80 g Sojaschnetzel
- 1 TL Tomatenmark
- ½ EL Paprikapulver (edelsüß)
- schwarzer Pfeffer aus der Mühle (nach Belieben)
- ¾ TL Gemüsebrühpulver
- 1 Zwiebel
- 3 Knoblauchzehen
- 180 g Pastinaken
- 300 g bunte Möhren
- 2 EL Rapsöl
- 2 TL Kreuzkümmel
- 1/8 TL frisch geriebene Muskatnuss
- 1 TL getr. Thymian
- 7 getr. Wacholderbeeren
- ¼ Bund glatte Petersilie

1. In einem Topf 500 ml Wasser zum Kochen bringen.
2. Steinpilze in 300 ml heißem Wasser einweichen.
3. Sojaschnetzel mit Tomatenmark, Paprikapulver, Pfeffer und Gemüsebrühpulver verrühren, mit dem restlichen Wasser übergießen und 15 Minuten einweichen lassen.
4. In der Zwischenzeit Zwiebel und Knoblauch schälen. Pastinaken und Möhren waschen, abtrocknen und schälen. Zwiebel und Knoblauch fein würfeln und das Wurzelgemüse in mundgerechte Stücke schneiden.
5. Rapsöl in einem Topf erhitzen und Kreuzkümmel hinzufügen.
6. Pastinaken und Möhren dazugeben und 5 Minuten anbraten.
7. Sojaschnetzel abgießen, leicht auspressen, mit den Zwiebel- und Knoblauchwürfeln in den Topf geben und 4 Minuten anbraten.
8. In der Zwischenzeit mit einem Pürierstab die eingeweichten Steinpilze mit dem Einweichwasser pürieren.
9. Pilzsud in den Topf geben, mit Muskat und Thymian würzen. Wacholderbeeren in einem Teesieb in den Eintopf hängen und 30 Minuten auf mittlerer Hitze köcheln lassen.

10. Petersilie waschen, trocken schütteln und grob hacken.
11. Eintopf in einer Suppenschale servieren und mit Petersilie garnieren.

Statt Sojaschnetzel kannst du auch 80 g Wildschwein-Hack verwenden. Dieses schlägt mit 69 g CO_2 zu Buche und erhöht den CO_2-Wert auf 111 g.

Statt bunten Möhren gehen auch herkömmliche Möhren oder Knollensellerie.

Orangen-Zimt-Carpaccio

36 g CO_2

Ein einfaches Dessert, das herrlich frisch ist. Orangen sind ein besonders gesunder Genuss und im Winter aus Spanien oder Italien erhältlich. Sie haben eine relativ niedrige CO_2-Bilanz.

1 PORTION
5 MINUTEN + 120 MINUTEN KÜHLZEIT

2 Orangen
1–2 EL gem. Ceylon-Zimt

1. Orangen schälen und dabei die weiße Haut vollkommen entfernen. Anschließend in Scheiben schneiden und auf einen Teller schichten.
2. Zwischen den einzelnen Orangenschichten mit Zimt bestreuen.
3. Oberste Schicht mit Zimt garnieren und mindestens 2 Stunden in den Kühlschrank stellen. Vor dem Servieren nach Belieben mit etwas Minze dekorieren.

Die Orangenschale kann man gut in Smoothies, Suppen, Gebäck oder aromatisiertem Wasser aufbrauchen.

Weizengrießschnitten

98 g CO_2 PRO PORTION

1 KLEINES BLECH
35 MINUTEN + ABKÜHLZEIT

500 ml Sojamilch
100 g Weizengrieß
1 EL Leinsamen
1 Prise Salz
1 Päckchen Vanillezucker
½ TL gem. Ceylon-Zimt + etwas mehr zum Garnieren
1 TL Rohrzucker
1 EL Buchweizenmehl
Rohrzucker zum Garnieren
Mandeln zum Garnieren

1. Backofen auf 200 °C Ober-/Unterhitze (175 °C Umluft) vorheizen. Sojamilch in einem Topf zum Kochen bringen und Weizengrieß nach Packungsanweisung kochen.
2. Restliche Zutaten mit 3 EL Wasser – bis auf das Buchweizenmehl – hinzugeben und vermengen.
3. Buchweizenmehl auf einem mit Backpapier ausgelegten Backblech verteilen, Grießbrei 2 cm dick auftragen und abkühlen lassen.
4. Sobald der Brei abgekühlt ist, im Ofen ca. 25 Minuten backen.
5. Mit Rohrzucker, Mandeln und Zimt garnieren.

Für eine glutenfreie Variante kannst du das Weizengrieß durch Buchweizengrieß ersetzen.

Alternativ kann statt Rohrzucker auch Puderzucker zum Garnieren verwendet werden.

Exkurs: Fermentieren und Einlegen

Fermentieren und Einlegen sind 2 wunderbare Möglichkeiten, um die Saison von Lebensmitteln zu verlängern. Fermentation wurde bereits 6.000 v. Chr. verwendet, um Lebensmittel zu konservieren.[189]

Gläser zum Fermentieren oder Einlegen müssen immer möglichst keimfrei sein. Hierfür kannst du sie ca. 10 Minuten mit kochend heißem Wasser befüllen. Um zu vermeiden, dass Gläser platzen, solltest du sie vorher mit warmem Wasser vorwärmen.

Saure Gurken

1 Zwiebel
20 g Salz
500 g kleine Gurken
1 TL Senfsamen
1 TL Koriandersamen
3 Pimentkörner
2 Gewürznelken
1 getr. Lorbeerblatt
½ milde Chilischote

1. Zwiebel schälen und in Streifen schneiden.
2. Salz mit 600 ml Wasser verrühren und Salz darin auflösen.
3. Gurken waschen und eng aneinander in ein Einmachglas drücken. Dabei darauf achten, dass sie nicht bis zum Glasdeckel reichen.
4. Salzlake über die Gurken gießen, sodass die Gurken bedeckt sind, aber noch etwas Platz im Einmachglas bleibt. Mit einem Gewicht die Gurken beschweren und das Einmachglas verschließen. Ca. 2–6 Tage, je nach Raumtemperatur, fermentieren lassen. Glas hierfür auf ein Küchenhandtuch stellen, da beim Gärungsprozess Lake austreten kann.
5. Sobald die Gurken die klassische olivgrüne Farbe haben, die Gurken probieren und wenn sie sauer genug sind, im Kühlschrank aufbewahren und innerhalb von ca. 5 Monaten aufbrauchen.

Fermentiertes Rotkraut

1 kg Rotkohl (ca. 650 g, geschnitten)
12 g Salz
1 kleine Möhre
1 TL Kümmel
4 Wacholderbeeren

1. Äußere Kohlblätter entfernen, eines der Blätter waschen und aufheben.
2. Rotkohl vierteln, Strunk entfernen und Rotkohl in dünne Streifen schneiden. Kohlstreifen in einer Schüssel mit Salz vermengen und ca. 10 Minuten ruhen lassen.
3. In der Zwischenzeit Möhre waschen, abtrocknen, schälen, Enden abschneiden und fein raspeln.
4. Kohl ca. 6–8 Minuten durchkneten, bis möglichst viel Wasser ausgetreten ist. Da Rotkohl etwas abfärbt, können Handschuhe verwendet werden.
5. Kohl und Möhren zusammen mit den Gewürzen und der Salzlake in ein sauberes Einmachglas füllen und dicht nach unten pressen, sodass das gesamte Gemüse mit Salzlake bedeckt ist.
6. Gemüse mit dem Kohlblatt bedecken und das Kohlblatt beschweren. Ggf. lose Gemüsestreifen von der Oberfläche entfernen.
7. Das Gemüse fermentiert im geschlossenen Einmachglas ca. 3–6 Tage, je nach Raumtemperatur. Das Glas hierfür auf ein Küchenhandtuch stellen, da beim Gärungsprozess Lake austreten kann.
8. Ggf. das Glas einen Spaltbreit öffnen, um den Druck abzulassen. Den Fermentationsprozess erkennt man daran, dass Bläschen aufsteigen. Das Rotkraut mit einer sauberen Gabel probieren. Wenn die säuerliche Note angenehm ist, das Rotkraut im Kühlschrank aufbewahren und innerhalb von ca. 4–5 Monaten aufbrauchen.

Eingelegte Möhren

500 g Möhren
1 Zwiebel
250 ml Weißweinessig
5 Pfefferkörner
½ TL Senfsamen
2 getr. Lorbeerblätter

1. Möhren waschen, abtrocknen, schälen, Enden entfernen und der Länge nach vierteln. Je nach Größe der Möhren und Höhe des Glases die Möhrenviertel mittig teilen, damit sie ins Einmachglas passen.
2. Zwiebel schälen und in Streifen schneiden.
3. Weißweinessig, Pfefferkörner, Senfsamen und Lorbeerblätter in einem Topf zum Kochen bringen. Möhrenviertel und Zwiebelstreifen hinzufügen und ca. 5 Minuten mitkochen.
4. Alles in ein vorbereitetes Glas umfüllen und dabei darauf achten, dass das Gemüse vollständig von Sud bedeckt ist. Sofort verschließen, auskühlen lassen und kühl aufbewahren. Innerhalb von 3 Monaten aufbrauchen. Wenn die Möhren länger aufbewahrt werden, verlieren sie etwas an Farbe. Sie sollten aber immer noch essbar sein.

Sauerkraut

1 kg Weiß- oder Spitzkohl
15 g Salz

Zubereitung wie beim fermentierten Rotkraut (siehe S. 206). Optional kann noch eine kleine Möhre in feine Streifen geraspelt und hinzugefügt werden.

Salzzitronen

2 Bio-Zitronen
½ milde Chilischote (optional)
2 EL Salz
1 TL Zucker

1. Ggf. Zitronenreste in Scheiben schneiden. Neu gekaufte Zitronen mit heißem Wasser waschen, Enden knapp abschneiden und den Rest in feine Scheiben schneiden.
2. Falls verwendet, Chilischote waschen, abtrocknen, entkernen und in grobe Stücke schneiden.
3. Salz, Zucker und 150 ml Wasser in einem Topf zum Kochen bringen.
4. Zitronenscheiben und ggf. Chilistücke dazugeben und 5 Minuten mitkochen.
5. Zitronen mit dem Wasser in ein vorbereitetes steriles Glas füllen und 3 Tage ziehen lassen.

Ausblick

Um den Bedarf an Nahrungsmitteln bis 2030 zu decken, muss die globale Nahrungsmittelproduktion angesichts der wachsenden Weltbevölkerung um etwa 50 Prozent gesteigert werden.[190] Wir kennen die Fakten und Probleme – und ihre Lösungen hast du vielleicht gerade selbst gekocht. Dennoch sind wir derzeit global gesehen noch das Problem selbst. Wir ballern Treibhausgase in die Atmosphäre, zerstören unsere Böden, hacken die Regenwälder nieder, rotten ganze Tierarten aus und züchten andere Tiere millionenfach, um sie zu schlachten. Währenddessen lassen wir andere Menschen verhungern, verpesten Gewässer und die Luft, die wir atmen. Wir beuten den Planeten in einer Geschwindigkeit aus, über die nachfolgende Generationen nur den Kopf schütteln werden. »Warum habt ihr nichts getan?«, werden unsere Enkelkinder in einigen Jahrzehnten fragen. Und unsere Antwort würde lauten: »Weil Fleisch einfach zu lecker war.«

In allen Industriestaaten dieser Welt essen wir zum Vergnügen – und auf Kosten der Umwelt und anderer Menschen. Wir sehen die prall gefüllten Supermarktregale und glauben, dass es ewig so weitergeht. Doch wir leben auf Pump – und der Kreditgeber ist die Natur. Wir sind die erste Generation, die mit den Folgen unserer Umweltzerstörung zu kämpfen hat – und auch die letzte, die sie aufhalten kann. Da wir selbst das Problem sind, dürfen wir nicht glauben, dass jemand anderes unseren Planeten vor den schwerwiegenden Folgen des Klimawandels bewahren wird. Jeder von uns kann entweder weiter ein Teil des Problems bleiben – oder sich stattdessen Biss für Biss zu einem Teil der Lösung weiterentwickeln. Dabei geht es längst nicht mehr um das »Ob«, sondern um das »Wie«.

Auch wenn uns die Nachrichten etwas anderes vermitteln mögen, erkennen wir langsam die Folgen unserer Ernährungsweise und begreifen, dass sie auch in ökologischer Form ein Vergnügen sein kann. Immer mehr Menschen sehen wieder das Tier hinter dem Fleisch, erkennen und wertschätzen den Aufwand, den es braucht, um unsere Lebensmittel zu produzieren – und achten ganz bewusst auf eine ökologische Ernährungsweise. Die Tür zu einem neuen, klimafreundlichen Speisesaal steht einen Spaltbreit offen. Einige sind schon durchgehuscht, andere stehen unmittelbar davor. Wiederum andere wissen noch gar nichts von der Tür. Nur wenn wir uns selbst bewusst ernähren und auch Freunde, Bekannte oder vielleicht auch unsere »Follower« davon überzeugen können, gelingt der dauerhafte, gesellschaftliche Mentalitätswechsel. Wir müssen wieder stolz darauf sein, was wir essen – aber auch darauf, was wir nicht essen. Es gibt keine Alternative. Entweder liegen ökologische Lebensmittel auf unseren Tellern – oder irgendwann nichts mehr. Wir alle lieben die Natur. Und wir alle brauchen sie. Daran wird sich definitiv nichts ändern.

»Was wir heute tun, entscheidet darüber, wie die Welt morgen aussieht.«
Marie von Ebner-Eschenbach

Danksagung

Um dieses Buch zu schreiben, war Unterstützung an allen Ecken und Enden erforderlich – und wir haben sie bekommen. Es brauchte wundervolle Menschen, die uns Zeit eingeräumt, ihre Ideen eingebracht, uns aber auch motiviert und inspiriert haben. Unser besonderer Dank gilt deshalb den folgenden Menschen:

Katharina für die unbändige Geduld, die leckeren Gerichte mit uns zusammen zu kochen. Für deine großartigen Ideen und aufmunternden Worte an schlechten Tagen.

Inge für das Korrekturlesen und das Entdecken der Fehlerchen, die wir in letzter Sekunde noch ausbessern konnten.

Christoph und Andrea, die uns mit Rat und Tat zur Seite standen und Julian die Lust am Kochen in die Wiege gelegt haben.

Wir danken uns gegenseitig für die unkomplizierte Absprache, das immer offene Ohr, die durchgehend hohe Motivation und gegenseitige Inspiration bis zum letzten Wort dieses Buches.

Allen Testessern und Freunden, die uns während der Schreib- und Kochphase unterstützt haben.

Viktoria und all den anderen großartigen Menschen, die ihre Kraft in dieses Buch investiert haben, um anderen die klimafreundliche Ernährung schmackhaft zu machen: vom Verlagsvertreter über die Lektoren und Korrekturleser, Designer, Buchhändler bis hin zum ausliefernden Postboten. Ronda und Magdalena für das sorgfältige Korrekturlesen und die vielen wertvollen Anmerkungen.

Unserer Community und allen Menschen, die uns täglich antreiben, in unserer Gesellschaft die Begeisterung für die umweltfreundliche Ernährung zu entfachen.

Wir danken auch dir, lieber Leser! Dafür, dass du dieses Buch in den Händen hältst. Für deine positive Einstellung und den Mut, aus deinen Gewohnheiten auszubrechen. Für dein Vertrauen, deine Hoffnung und deine Energie – vielen Dank!

Empfehlungen

Du willst noch mehr Informationen zum Thema oder einfach noch weitere Tipps für eine nachhaltigere Zukunft erhalten? Dann geben wir dir hier noch die folgenden Adressen an die Hand, um deine Ernährung Schritt für Schritt noch klimafreundlicher zu gestalten:

CO_2-Rechner Umweltbundesamt: https://uba.co2-rechner.de/de_DE/
KlimaTeller-App: www.klimateller.de
HappyCow-App: www.happycow.net
ReplacePlastic-App: www.replaceplastic.de
CodeCheck-App: www.codecheck.info
Solidarische Landwirtschaft: www.solidarische-landwirtschaft.org
Hier bloggen wir: www.careelite.de und www.plantastic-cooking.de

Hilfreiches

Saisonkalender [191]

Damit deine Mahlzeiten jederzeit frische, klimafreundliche und gesunde Lebensmittel beinhalten, möchten wir dir diesen Saisonkalender an die Hand geben. Schlage ihn gerne immer dann auf, wenn du wissen möchtest, welche Produkte gerade Saison haben und deshalb nicht tausende Transportkilometer oder eine energieintensive Zeit im Gewächshaus hinter sich haben.

Nützliche Apps: Du kannst dir auch einfach eine Saisonkalender-App auf dein Smartphone laden. Sehr zu empfehlen sind die Apps »GrünZeit« von der Verbraucherzentrale sowie »BZfE Saisonkalender« vom Bundeszentraum für Ernährung.

Sehr geringe Klimabelastung:
● ~ Freilandprodukte

Geringe bis mittlere Klimabelastung:
● ~ »geschützter Anbau« (Abdeckung mit Folie oder Vlies, ungeheizt)

● ~ Lagerware

Hohe Klimabelastung:
● ~ Produkte aus geheizten Gewächshäusern

Heimisches Gemüse

	Jan.	Feb.	März	April	Mai	Juni	Juli	Aug.	Sept.	Okt.	Nov.	Dez.
Blumenkohl				gelb	grün	grün	grün	grün	grün	grün	grün	
Bohnen						grün	grün	grün	grün	grün		
Brokkoli					grün	grün	grün	grün	grün	grün	grün	
Erbsen					grün	grün	grün	grün	grün			
Fenchel					gelb	grün	grün	grün	grün	grün	grün	
Grünkohl	grün	grün										
Gurken: Salat-, Minigurken		orange	orange	orange	orange	orange	orange	orange	orange	orange		
Kartoffeln	hellorange	hellorange	hellorange	hellorange	hellorange	hellorange / grün	hellorange / grün	hellorange / grün	hellorange / grün	hellorange / grün	hellorange / grün	hellorange
Kohlrabi					grün / gelb	grün	grün	grün	grün	grün		
Kürbis	hellorange	hellorange	hellorange						grün	grün	grün	hellorange
Möhren	hellorange	hellorange	hellorange	hellorange	hellorange / gelb	gelb / grün	grün	grün	grün	grün	grün	hellorange
Pastinaken; Wurzelpetersilie	hellorange	hellorange	hellorange	hellorange				grün	grün	grün	grün	hellorange
Porree (Lauch)	grün / hellorange	grün / hellorange	grün / hellorange	grün	grün	grün	grün	grün	grün	grün	grün	grün
Radieschen				gelb	grün	grün	grün	grün	grün	grün	grün	

Rhabarber			🟡	🟢	🟢	🟢	🟢					
Rosenkohl	🟢/🟠	🟢/🟠	🟠						🟢	🟢	🟢	🟢
Rote Bete	🟠	🟠	🟠	🟠	🟠	🟢	🟢	🟢	🟢	🟢	🟢	🟠
Rotkohl	🟠	🟠	🟠	🟠	🟠	🟠/🟡	🟢	🟢	🟢	🟢	🟢	🟠
Sellerie: Knollen-sellerie	🟠	🟠	🟠	🟠	🟠	🟠	🟢	🟢	🟢	🟢	🟢	🟠
Sellerie: Stangen-sellerie					🟡	🟢	🟢	🟢	🟢	🟢	🟢	
Spargel				🟢/🟡	🟢	🟢						
Spinat				🟢	🟢	🟢	🟢	🟢	🟢	🟢	🟢	
Tomaten: geschützter Anbau						🟡	🟡	🟡	🟡			
Tomaten: Gewächshaus			🔴	🔴	🔴	🔴	🔴	🔴	🔴	🔴	🔴	
Zucchini						🟡	🟢	🟢	🟢	🟢		
Zuckermais								🟢	🟢	🟢		
Zwiebeln	🟠	🟠	🟠	🟠	🟠	🟡/🟠	🟢	🟢	🟢	🟢	🟠	🟠
Zwiebeln: Bund-, Lauch-, Frühlings-				🟢/🟡	🟢	🟢	🟢	🟢	🟢	🟢	🟢	

Heimisches Obst

	Jan.	Feb.	März	April	Mai	Juni	Juli	Aug.	Sept.	Okt.	Nov.	Dez.
Äpfel	● (orange)	● (orange)	● (orange)	● (orange)	● (orange)			● (grün)	● (grün)	● (grün)	● (orange)	● (orange)
Aprikosen							● (grün)	● (grün)				
Birnen	● (orange)							● (grün)	● (grün)	● (orange)	● (orange)	● (orange)
Brombeeren								● (grün)	● (grün)	● (grün)		
Erdbeeren					● (gelb)	● (grün)	● (grün)	● (grün)	● (grün)	● (gelb)		
Heidelbeeren							● (grün)	● (grün)				
Himbeeren						● (gelb)	● (grün)	● (grün)				
Johannisbeeren						● (grün)	● (grün)	● (grün)				
Kirschen, sauer							● (grün)	● (grün)				
Kirschen, süß						● (grün) / ● (gelb)	● (grün)	● (grün)				
Mirabellen							● (grün)	● (grün)				
Pfirsich							● (grün)	● (grün)				
Pflaumen								● (grün)	● (grün)			
Quitten										● (grün)	● (grün)	
Stachelbeeren							● (grün)	● (grün)	● (grün)			
Tafeltrauben								● (grün)	● (grün)	● (grün)		

Heimische Salate

	Jan.	Feb.	März	April	Mai	Juni	Juli	Aug.	Sept.	Okt.	Nov.	Dez.
Eissalat					🟢/🟡	🟢	🟢	🟢	🟢	🟢		
Endiviensalat					🟢/🟡	🟢	🟢	🟢	🟢	🟢	🟢	
Feldsalat	🟡	🟡	🟡	🟡	🟢	🟢	🟢	🟢	🟢	🟢	🟢/🟡	🟡
Kopfsalat				🟡	🟡	🟢	🟢	🟢	🟢	🟢		
Romanasalat					🟡/🟢	🟢	🟢	🟢	🟢	🟢	🟢	
Rucola (Rauke)	🟡	🟡	🟡	🟡	🟢	🟢	🟢	🟢	🟢	🟢	🟢/🟡	🟡

Der Treibhausgas-Ausstoß der beliebtesten Lebensmittel pro 100 Gramm

Lebensmittel	CO_2-Ausstoß
Cheddar	942
Feldsalat	27
Hähnchen	451
Kichererbsen	95
Kohlrabi	28
Lachs	714
Mango	627
Möhren	32
Pfifferlinge	55
Radieschen	59
Sojamilch	56
Spinat	14
Zwiebeln	37
Rinderbrühe	705
Zucchini	22

Viele weitere Lebensmittel und ihren Co_2-Ausstoß findest du in der KlimaTeller-App.

Der Wasserverbrauch beliebter Lebensmittel pro Kilogramm[192] [193] [194] [195] [196] [197] [198] [199] [200] [201] [202] [203]

Lebensmittel	Liter (ca.) / pro Kilogramm	Lebensmittel	Liter (ca.) / pro Kilogramm
Kakao	27.000	Zucker	1.500
Röstkaffee	21.000	Spargel	1.473
Rindfleisch	15.490	Brot/Getreide	1.600
Ziegenfleisch	8.763	Gerste	1.300
Butter	5.553	Kuhmilch	1.000
Nüsse	5.000	Weizen	783
Hirse	5.000	Äpfel	700
Käse	5.000	Wein	465
Schweinefleisch	4.730	Sojamilch	300
Geflügelfleisch	4.325	Zitronen	360
Mango	3.806	Gurken	350
Reis	3.470	Bier	300
Eier	3.300	Zwiebeln	280
Kokosnuss	2.500	Erdbeeren	280
Sojabohnen	1.800	grüner Salat	240
Schokolade	2.250	Kartoffeln	210
Pasta	2.217	Karotten	210
Avocado	2.000	Tomaten	110
Kirschen	1.632	Hafermilch	48
Mais	900	Bananen	940

Der klimafreundliche Ernährungsplan[204]

Diesen „Beispielteller" der EAT-Lancet-Kommission kannst du jederzeit als Proportionierungshilfe für zukünftige, ausgewogene und klimafreundliche Mahlzeiten verwenden.

So kannst du Eier beim Kochen und Backen einfach ersetzen[205]

Die Umweltwirkung unterschiedlicher Milchsorten im Vergleich[206]

Umweltwirkung	Kuhmilch	Sojamilch	Hafermilch
Versauerung der Meere	100 %	19 %	8 %
Landverbrauch	100 %	39 %	21 %
Treibhausgase	100 %	24 %	31 %
Energieverbrauch	100 %	86 %	39 %

Die Autoren

Christoph Schulz (rechts), geboren 1988, ist gelernter Bankkaufmann sowie studierter Multimedia-Marketer und engagiert sich seit 2017 mit seinem Umweltschutzprojekt *CareElite* als Aktivist gegen den Plastikmüll in der Natur und andere Umweltprobleme unserer Zeit. Seitdem lebt er aus Überzeugung ein nachhaltiges Leben und weiß, welche Hürden beim Einstieg in den umweltbewussten Lebensstil zu erwarten sind.

Julian Hölzer (links) kam 2016 aus tierethischen Gründen zum Veganismus, entdeckte allerdings schnell, dass es auch Vorteile für die Umwelt und die eigene Gesundheit bietet. Durch die Ernährungsumstellung entwickelte er auch ein neues Hobby: das Kochen. Kurz danach startete der Ernährungsberater neben seinem Studium auch als Blogger bei *CareElite* im Bereich gesunde und nachhaltige Ernährung.

Zutatenregister

Fachbegriffe

Quellen

1 Inspiriert durch ein Zitat von Marc-Uwe Kling.

2 Permafrostböden sind Böden, die große Mengen an Kohlenstoff speichern und das ganze Jahr über gefroren sind, weil sie Temperaturen unter dem Gefrierpunkt aufweisen. Je wärmer die Luft ist, desto mehr dieser Böden in Nordamerika und Sibirien tauen auf – und desto mehr klimaschädliche Gase werden freigesetzt.

3 Klima-Kollekte – Kirchlicher Kompensationsfonds gemeinnützige GmbH: Ernährung als wesentlicher Treiber des Klimawandels, abrufbar unter https://klima-kollekte.de/vermeiden-reduzieren/ernaehrung. [07.05.2020].

4 Food and Agriculture Organization of the United Nations (FAO): livestock's long shadow environmental issues and options, abrufbar unter http://www.fao.org/3/a0701e/a0701e00.pdf. [07.05.2020].

5 Dinge erklärt – Kurzgesagt: Fleisch – Das leckerste Übel der Welt, YouTube, 24.01.2019, Web, 07.05.2020 um 10:50 Uhr, in: https://www.youtube.com/watch?v=y6f3dwxexZM.

6 WWF Deutschland (2015): Das große Wegschmeißen (Stand: 17.09.2018), abrufbar unter http://mobil.wwf.de/fileadmin/fm-wwf/Publikationen-PDF/WWF_Studie_Das_grosse_Wegschmeissen.pdf. [07.05.2020].

7 Europäisches Parlament: Lebensmittelverschwendung in der EU: Millionen Tonnen Lebensmittel landen im Müll (Infografik, Stand 15.05.2017), abrufbar unter https://www.europarl.europa.eu/news/de/headlines/society/20170505STO73528/lebensmittelverschwendung-in-der-eu-infografik. [07.05.2020].

8 Axel Springer SE: Ein Kilo Rindfleisch so mies wie 1600 Kilometer Autofahren (Stand: 25.05.2012), abrufbar unter https://www.welt.de/wissenschaft/article106376212/Ein-Kilo-Rindfleisch-so-mies-wie-1600-Kilometer-Autofahren.html. [07.05.2020].

9 NAHhaft e.V.: Was hat unser Essen mit dem Klima zu tun?, abrufbar unter https://www.klimateller.de/essen-klima. [07.05.2020].

10 atmosfair gGmbH: Flugreisen und das persönliche Klimabudget. https://www.atmosfair. de/de/gruenreisen/persoenliches_klimabudget. [07.05.2020].

11 Klimabündnis Köln: Treibhausgase in Deutschland, abrufbar unter https://www.klimabuendnis-koeln.de/ernaehrung. [07.05.2020].

12 Statista GmbH: Pro-Kopf-CO_2-Emissionen nach ausgewählten Ländern weltweit im Jahr 2017 (Stand: Oktober 2019), abrufbar unter https://de.statista.com/statistik/daten/studie/167877/umfrage/co-emissionen-nach-laendern-je-einwohner. [07.05.2020].

13 Umweltbundesamt (2019): Die Treibhausgase (Stand: 06.06.2019). https://www.umwelt- bundesamt.de/themen/klima-energie

/klimaschutz-energiepolitik-in-deutschland/treibhaus- gas-emissionen/die-treibhausgase. [02.10.2020].

14 Norddeutscher Rundfunk: Klimagase Kühe als Klimasünder – Methan und Lachgas, die vergessenen Klimagase (15.12.2009), abrufbar unter https://www.tagesschau.de/klima/hintergruende/klimalandwirtschaft100.html. [07.05.2020].

15 Pflanzenforschung.de c/o Genius GmbH: Klimaschutz beginnt auf dem Acker (Stand: 05.04.2012), abrufbar unter https://www.pflanzenforschung.de/de/pflanzenwissen/journal/klimaschutz-beginnt-auf-dem-acker-1713. [07.05.2020].

16 Climate Service Centers Germany: Landwirtschaft als Klimafaktor (Stand: 20.09.2018), abrufbar unter https://wiki.bildungsserver.de/klimawandel/index.php/Landwirtschaft_als_Klimafaktor. [07.05.2020].

17 WetterOnline; WetterOnline Meteorologische Dienstleistungen GmbH: Treibhauseffekt einfach erklärt, YouTube, 19.04.2018, Web, 07.05.2020 um 11:12 Uhr, in: https://www.youtube.com/watch?v=u2adyPZuRa8.

18 Marco Springmann, H. Charles J. Godfray u.a.: Analysis and valuation of the health and climate change cobenefits of dietary change, abrufbar unter https://www.pnas.org/content/early/2016/03/16/1523119113/tab-figures-data. [07.05.2020].

19 Umwelthelden e.V.: Der Regenwald wird zerstört, abrufbar unter https://www.abenteuer-regenwald.de/wissen/abholzung. [07.05.2020].

20 DEUTSCHER TIERSCHUTZBUND e.V.: Du und das Tier: Rinder als Klimasünder (Sonderdruck), abrufbar unter https://www.tierschutzbund.de/fileadmin/user_upload/Downloads/dudt-Sonderdrucke/dudt_Sonderdruck_Rinder_als_Klimasuender.pdf. [07.05.2020].

21 Umwelthelden e.V.: Fleisch und Soja: Warum Massentierhaltung den Regenwald bedroht, abrufbar unter https://www.abenteuer-regenwald.de/bedrohungen/fleisch-soja. [07.05.2020].

22 Climate Service Centers Germany: Landwirtschaft als Klimafaktor (Stand: 20.09.2018), abrufbar unter https://wiki.bildungsserver.de/klimawandel/index.php/Landwirtschaft_als_Klimafaktor. [07.05.2020].

23 inFact Lifestyle; SPIEGEL-Animation: Wie wir uns die Welt warm essen [Klimawandel | Regenwald | Welthunger], YouTube, 24.12.2015, Web, 07.05.2020 um 11:26 Uhr, in: https://www.youtube.com/watch?v=xjqBGwnW9P0.

24 Albert Schweitzer Stiftung für unsere Mitwelt: Warum Sojawurst nicht dem Regenwald schadet (Stand: 01.06.2018). https://albert-schweitzer-stiftung.de/aktuell/warum-soja- wurst-nicht-dem-regenwald-schadet. [07.05.2020].

25 WWF Deutschland: WWF Magazin – Das große Fressen, abrufbar unter https://mobil.wwf.de/fileadmin/fm-wwf/Publikationen-PDF/WWF-Magazin-0215-Leseprobe-Das-grosse-Fressen.pdf. [07.05.2020].

26 Dinge erklärt – Kurzgesagt: Fleisch – Das leckerste Übel der Welt, YouTube, 24.01.2019, Web, 07.05.2020 um 10:50 Uhr, in: https://www.youtube.com/watch?v=y6f3dwxexZM.

27 Bund Naturschutz in Bayern e.V. (BN): Die Bedeutung von Grünland für unsere Natur, abrufbar unter https://www.bund-naturschutz.de/natur-und-landschaft/wiesen-und-weiden-in-bayern/bedeutung-von-gruenland.html. [07.05.2020].

28 WWF Deutschland: Ernährung (Stand: 30.03.2015), abrufbar unter https://www.wwf.de/themen-projekte/landwirtschaft/ernaehrung-konsum/ernaehrung. [07.05.2020].

29 Heinrich-Böll-Stiftung e.V.: Bodenatlas – Daten und Fakten über Acker, Land und Erde (Stand: 2015), abrufbar unter https://www.boell.de/sites/default/files/bodenatlas2015_iv.pdf?dimension1=ds_bodenatlas. [07.05.2020].

30 co2online gemeinnützige Beratungsgesellschaft mbH: Die Abholzung der Wälder (Stand: 06.03.2012). https://www.co2online.de/klima-schuetzen/klimawandel/die-abholzung-der-waelder. [07.05.2020].

31 Westdeutscher Rundfunk Köln: So groß ist der Anteil unserer Ernährung an den Treibhausgas-Emissionen (Stand: 29.01.2019), abrufbar unter https://www.quarks.de/umwelt/klimawandel/so-gross-ist-der-anteil-unserer-ernaehrung-an-den-treibhausgasen. [07.05.2020].

32 Dinge erklärt – Kurzgesagt: Fleisch – Das leckerste Übel der Welt, YouTube, 24.01.2019, Web, 07.05.2020 um 10:50 Uhr, in: https://www.youtube.com/watch?v=y6f3dwxexZM.

33 Umweltbundesamt (2017): Verstecktes Wasser (Stand: 22.03.2017), abrufbar unter https://www.umweltbundesamt.de/themen/verstecktes-wasser. [07.05.2020].

34 Dinge erklärt – Kurzgesagt: Fleisch – Das leckerste Übel der Welt, YouTube, 24.01.2019, Web, 07.05.2020 um 10:50 Uhr, in: https://www.youtube.com/watch?v=y6f3dwxexZM.

35 WWF Deutschland: WWF Magazin – Das große Fressen, abrufbar unter https://mobil.wwf.de/fileadmin/fm-wwf/Publikationen-PDF/WWF-Magazin-0215-Leseprobe-Das-grosse-Fressen.pdf. [07.05.2020].

36 WWF Deutschland: Ernährung, abrufbar unter https://www.wwf.de/themen-projekte/landwirtschaft/ernaehrung-konsum/ernaehrung. [07.05.2020].

37 Germanwatch e.V.: Erdüberlastungstag (Stand: 22.07.2019). https://www.germanwatch.org/de/overshoot. [07.05.2020].

38 Germanwatch e.V.: Erdüberlastungstag nie früher als in diesem Jahr: Ambitionierter Klima- und Ressourcenschutz können nicht länger warten (Stand: 22.07.2019). https://www. germanwatch.org/de/16747. [07.05.2020].

39 Greenpeace e. V.: Klimakiller Kunststoff, abrufbar unter https://www.greenpeace.de/themen/endlager-umwelt/plastikmuell/klimakiller-kunststoff. [07.05.2020].

40 Dinge erklärt – Kurzgesagt: Fleisch – Das leckerste Übel der Welt, YouTube, 24.01.2019, Web, 07.05.2020 um 10:50 Uhr, in: https://www.youtube.com/watch?v=y6f3dwxexZM.

41 Die VERBRAUCHER INITIATIVE e.V. (Bundesverband): Was ist virtuelles Wasser?, abrufbar unter http://www.oeko-fair.de/index.php/cat/1039/title/Was_ist_virtuelles_Wasser_. [07.05.2020].

42 Rohde, T.; UNICEF: Weltwasserwoche 2018 – 10 Fakten über Wasser (Stand: 19.03.2020). https://www.unicef.de/informieren/aktuelles/blog/weltwasserwoche-2018-zehn-fakten-ueber-wasser/172968. [07.05.2020].

43 M. Angelo; ZDF Dokumentation (2019): Vergiftete Flüsse — Die schmutzigen Geheimnisse der Textilindustrie (Stand: 27.03.2019). https://www.zdf.de/dokumentation/zdfinfo-doku/vergiftete-fluesse-100.html. [07.05.2020].

44 P. Wagnitz; WWF Deutschland: 5 Dinge, die Du gegen die Wasserkrise tun kannst (Stand: 22.03.2016). https://blog.wwf.de/5-dinge-gegen-die-wasser-krise. [07.05.2020].

45 WWF Deutschland: WWF Magazin – Das große Fressen, abrufbar unter https://mobil.wwf.de/fileadmin/fm-wwf/Publikationen-PDF/WWF-Magazin-0215-Leseprobe-Das-grosse-Fressen.pdf. [07.05.2020].

46 Deutsche Welthungerhilfe e.V.: Hunger: Verbreitung, Ursachen & Folgen (Stand: 04.05.2020). https://www.welthungerhilfe.de/hunger/. [07.05.2020].
47 Westdeutscher Rundfunk Köln: Tonnenweise Essen im Müll? Zum Kotzen! https://www1.wdr.de/verbraucher/ernaehrung/rewind-lebensmittelverschwendung-100.html. [07.10.2019].
48 S. Weick; Brot für die Welt; Evangelisches Werk für Diakonie und Entwicklung e.V. (2010): Fleischkonsum (Stand: März 2010). https://www.brot-fuer-die-welt.de/fileadmin/mediapool/2_ Downloads/NIFSA/NIFSA_Kampagnenblatt_Fleischkonsum.pdf. [07.05.2020].
49 Der Begriff Ressourceneffizienz beschreibt das Verhältnis zwischen den eingesetzten natürlichen Ressourcen und dem daraus erzielten Nutzen.
50 Deutsche Welthungerhilfe e.V.: Hunger: Verbreitung, Ursachen & Folgen (Stand: 04.05.2020). https://www.welthungerhilfe.de/hunger/. [07.05.2020].
51 Clemens G. Arvay: Friss oder stirb, 1. Aufl., Salzburg, 2013.
52 PETA Deutschland e.V.: (2018): Wie der Fleisch- und Milchkonsum den Welthunger fördert, abrufbar unter https://www.peta.de/welthunger. [07.05.2020].
53 S. Boseley; The Guardian: World hunger on the rise as 820m at risk, UN report finds (Stand: 15.07.2019). https://www.theguardian.com/world/2019/jul/15/world-hunger-un-report. [07.05.2020].
54 PETA Deutschland e.V.: (2018): Gülle belastet das Trinkwasser und erhöht die Wasserkosten (Stand: Februar 2018), abrufbar unter https://www.peta.de/guelle. [07.05.2020].
55 Deutsche Umwelthilfe e.V.: Plastik im Meer – Und ewig währt das Plastik, abrufbar unter https://www.duh.de/plastik-im-meer. [07.05.2020].
56 Umweltbundesamt (2019): Ammoniak-Emissionen (Stand: 26.07.2019), abrufbar unter https://www.umweltbundesamt.de/daten/luft/luftschadstoff-emissionen-in-deutschland/ammoniak-emissionen#entwicklung-seit-1990. [07.05.2020].
57 Albert Schweitzer Stiftung für unsere Mitwelt: UBA – Umweltschäden durch die Landwirtschaft (Stand: 28.07.2017), abrufbar unter https://albert-schweitzer-stiftung.de/aktuell/uba-umweltschaeden-landwirtschaft. [07.05.2020].
58 Umweltbundesamt (2019): Umweltbelastungen der Landwirtschaft (Stand: 26.07.2019), abrufbar unter https://www.umweltbundesamt.de/themen/boden-landwirtschaft/umweltbelastungen-der-landwirtschaft. [07.05.2020].
59 Umweltbundesamt (2019): Ammoniak-Emissionen (Stand: 29.01.2019), abrufbar unter https://www.umweltbundesamt.de/daten/luft/luftschadstoff-emissionen-in-deutschland/ammoniak-emissionen#entwicklung-seit-1990. [07.05.2020].
60 MMCD NEW MEDIA GmbH: Landflächen – Drei Viertel sind degradiert (Stand: 25.06.2018), abrufbar unter https://www.scinexx.de/news/geowissen/landflaechen-drei-viertel-sind-degradiert. [07.05.2020].
61 U. Streckenbach (2013): Wenn der Boden schwindet. YouTube, 21.04.2013, Web, 07.05.2020 um 12:11 Uhr, in: https://www.youtube.com/watch?v=S5ZVpQS0D9M.
62 R. Kirbach: Im Plastik gefangen (Stand: 25.06.2015), abrufbar unter https://www.zeit.de/2015/26/plastikmuell-nordsee-recycling-umweltschutz/seite-2. [07.05.2020].
63 Greenpeace e.V.: Klimakiller Kunststoff, abrufbar unter https://www.greenpeace.de/themen/endlager-umwelt/plastikmuell/klimakiller-kunststoff. [07.05.2020].
64 Umweltinstitut München e.V.: Das große Sterben – Bedrohte Vielfalt, abrufbar unter http://www.umweltinstitut.org/themen/landwirtschaft/artensterben.html. [07.05.2020].

65 WWF Deutschland: WWF Magazin – Das große Fressen, abrufbar unter https://mobil.wwf.de/fileadmin/fm-wwf/Publikationen-PDF/WWF-Magazin-0215-Leseprobe-Das-grosse-Fressen.pdf. [07.05.2020].

66 Naturschutzbund Deutschland e.V. (NABU): Plastikmüll und seine Folgen. https://www. nabu.de/natur-und-landschaft/meere/muellkippe-meer/muellkippemeer.html. [07.05.2020].

67 WWF Deutschland: Arten-Apokalypse geht weiter (Stand: 02.03.2012), abrufbar unter https://www.wwf.de/2012/maerz/arten-apokalypse-geht-weiter. [07.05.2020].

68 Summary for policymakers of the global assessment report on biodiversity and ecosystem services of the Intergovernmental Science-Policy Platform on Biodiversity and Ecosystem Services, IPBES, 06.05.2019, S. 12f.

69 SCHWARTAUER WERKE GmbH & Co. KGaA: Der Einfluss von Bienen auf unsere tägliche Ernährung, abrufbar unter http://www.bee-careful.com/de/initiative/der-einfluss-von-bienen-auf-unsere-taegliche-ernae. [07.05.2020].

70 Süddeutsche Zeitung GmbH: So viel mehr als Honig (Stand: 20.05.2018), abrufbar unter https://www.sueddeutsche.de/wissen/weltbienentag-so-viel-mehr-als-honig-1.3986918. [07.05.2020].

71 WWF Deutschland: Ernährung, abrufbar unter https://www.wwf.de/themen-projekte/landwirtschaft/ernaehrung-konsum/ernaehrung. [07.05.2020].

72 T. Deutschle: Artenvielfalt, abrufbar unter https://www.faszination-regenwald.de/info-center/artenvielfalt. [07.05.2020].

73 WWF Deutschland: Ungewollter Beifang (Stand: 17.09.2018), abrufbar unter https://www.wwf.de/themen-projekte/meere-kuesten/fischerei/beifang. [07.05.2020].

74 U. Streckenbach (2012): Die Überfischung der Meere. YouTube, 13.06.2012, Web, 07.05.2020 um 12:24 Uhr, in: https://www.youtube.com/watch?v=PD00Z6Yqxy0.

75 WWF Deutschland: Überfischung: Bald drohen uns leere Meere (Stand: 17.09.2018). https://www.wwf.de/themen-projekte/meere-kuesten/fischerei/ueberfischung. [07.05.2020].

76 H. Leonhardt: Zahlen und Fakten #Massentierhaltung und #Fleischkonsum, abrufbar unter https://veganoon.com/veganews/zahlen-und-fakten-massentierhaltung-und-fleischkonsum. [07.05.2020].

77 NABU Deutschland e.V.: Im Land der Fleischesser, abrufbar unter https://www.nabu.de/umwelt-und-ressourcen/oekologisch-leben/essen-und-trinken/fleisch/13310.html. [02.10.2020].

78 Dinge erklärt – Kurzgesagt: Fleisch – Das leckerste Übel der Welt, YouTube, 24.01.2019, Web, 07.05.2020 um 10:50 Uhr, in: https://www.youtube.com/watch?v=y6f3dwxexZM.

79 Dinge erklärt – Kurzgesagt: Fleisch – Das leckerste Übel der Welt, YouTube, 24.01.2019, Web, 07.05.2020 um 10:50 Uhr, in: https://www.youtube.com/watch?v=y6f3dwxexZM.

80 Terra X Natur & Geschichte: Müssen wir alle Vegetarier werden? | Dirk Steffens, YouTube, 24.01.2019, Web, 07.05.2020 um 12:28 Uhr, in: https://www.youtube.com/watch?v=c1rZyWg1xrE.

81 H. Engeln, J. Hauschild, R. Harf: Herzinfarkt auf dem Bauernhof, abrufbar unter https://www.geo.de/natur/oekologie/3331-rtkl-massentierhaltung-herzinfarkt-auf-dem-bauernhof. [07.05.2020].

82 Bundesanstalt für Landwirtschaft und Ernährung (BLE): Jeder Deutsche isst 235 Eier pro Jahr (Stand: 17.03.2017), abrufbar unter https://www.ble.de/SharedDocs/Pressemitteilungen/DE/2017/170317_Eier.html. [07.05.2020].

83 Süddeutsche Zeitung GmbH: Die Deutschen trinken weniger Milch (Stand: 10.04.2019), abrufbar unter https://www.sueddeutsche.de/wirtschaft/lebensmittel-die-deutschen-trinken-weniger-milch-1.4404386. [07.05.2020].

84 Bundesministerium für Ernährung und Landwirtschaft (BMEL): Neue Wege für mehr Tierwohl – Ein Magazin des Bundesministeriums für Ernährung und Landwirtschaft, 1. Auflage, Januar 2016, S. 7.

85 A. Deter: Wie viel Milch gibt eine Kuh (Stand: 29.07.2019), abrufbar unter https://www.topagrar.com/mediathek/fotos/rind/wieviel-milch-gibt-eine-kuh-11667503.html. [07.05.2020].

86 F. Enzenhofer: Lasst den Hühnern ihre Eier!, abrufbar unter https://www.veganblatt.com/huehner-eier. [07.05.2020].

87 P. Carstens: Wie lang Nutztiere leben könnten – und wie alt sie tatsächlich werden, abrufbar unter https://www.geo.de/natur/tierwelt/21383-rtkl-massentierhaltung-wie-lang-nutztiere-leben-koennten-und-wie-alt-sie. [07.05.2020].

88 Bayerischer Rundfunk, Anstalt des öffentlichen Rechts: Wie das (Hühner-) Ei entsteht, abrufbar unter https://www.daserste.de/information/wissen-kultur/w-wie-wissen/sendung/2010/wie-das-huehner-ei-entsteht-100.html. [07.05.2020].

89 PETA Deutschland e.V.: (2018): Wie der Fleisch- und Milchkonsum den Welthunger fördert, abrufbar unter https://www.peta.de/welthunger. [07.05.2020].

90 Die Veguerilla: Fisch aus der Massenzucht – Dramatische Folgen für die Umwelt, ZDF Frontal 21, YouTube, 27.03.2017, Web, 07.05.2020 um 13:02 Uhr, in: https://www.youtube.com/watch?v=2XXRFcsYGkw.

91 DEUTSCHER TIERSCHUTZBUND e.V.: Töten von Fischen aus Aquakulturen (Stand: November 2015), abrufbar unter https://www.tierschutzbund.de/fileadmin/user_upload/Downloads/Positionspapiere/Artenschutz/Toeten_von_Fischen_Aquakultur.pdf. [07.05.2020].

92 Dinge erklärt – Kurzgesagt: Fleisch – Das leckerste Übel der Welt, YouTube, 24.01.2019, Web, 07.05.2020 um 10:50 Uhr, in: https://www.youtube.com/watch?v=y6f3dwxexZM.

93 Bund für Umwelt und Naturschutz Deutschland e.V. (BUND): Gesunde Ernährung hilft auch dem Umwelt- und Klimaschutz (Stand: 19.10.2017), abrufbar unter https://www.bund.net/bund-tipps/detail-tipps/tip/gesunde-ernaehrung-hilft-auch-dem-umwelt-und-klimaschutz. [07.05.2020].

94 Umweltinstitut München e.V.: Pestizidrückstände – Mit Bio auf der sicheren Seite, abrufbar unter http://www.umweltinstitut.org/themen/landwirtschaft/pestizide/pestizidrueckstaende.html. [07.05.2020].

95 R. Warth: Vorsicht Schadstoffe! Fertiggerichte mit Kunststoffspuren (Stand: 14.04.2015), abrufbar unter https://www.stuttgarter-nachrichten.de/inhalt.vorsicht-schadstoffe-fertiggerichte-mit-kunststoffspuren.d66232f8-321f-4288-ad29-b261fcd83948.html. [07.05.2020].

96 Greenpeace e.V.: Gentechnik im Tierfutter muss nicht sein!, abrufbar unter https://www.greenpeace.de/themen/landwirtschaft/gentechnik/gentechnik-futtermitteln. [07.05.2020].

97 K. Klement: Fleisch in der täglichen Ernährung (Stand: 03.08.2016), abrufbar unter https://www.gesundheit.de/ernaehrung/lebensmittel/fleisch-und-fisch/fleisch. [07.05.2020].

98 Deutsche Herzstiftung e.V.: Cholesterin – Wie können sich Herzpatienten schützen?, abrufbar unter https://www.herzstiftung.de/cholesterin.html. [07.05.2020].

99 Bayerisches Landesamt für Gesundheit und Lebensmittelsicherheit (LGL): Überprüfung von Fleisch auf Antibiotikarückstände (Stand: 12.10.2015), abrufbar unter https://www.lgl.bayern.de/lebensmittel/chemie/arzneimittelrueckstaende/antibiotika/et_antibiotika_fleisch.htm. [07.05.2020].

100 Bayerischer Rundfunk: Antibiotika in Lebensmitteln – Resistente Keime lauern nicht nur im Fleisch (14.11.2018), https://www.br.de/themen/wissen/antibiotika-multiresistente-keime-resistenzen-lebensmittel-tierzucht-fleisch-100.html. [07.05.2020].

101 Ärztliches Zentrum für Qualität in der Medizin: Antibiotika – wenn sie nicht mehr wirken (Stand: September 2016), abrufbar unter https://www.patienten-information.de/kurzinformationen/antibiotikaresistenzen. [07.05.2020].

102 DER SPIEGEL GmbH & Co. KG: BSE – Tiermehl als Futter bald verboten? (22.11.2000), abrufbar unter https://www.spiegel.de/politik/deutschland/bse-tiermehl-als-futter-bald-verboten-a-104144.html. [07.05.2020].

103 Cornelsen Verlag GmbH: Zur Toxizität von Ammonium, abrufbar unter https://www.chemieunterricht.de/dc2/nh3/nh4-toxizitaet.htm. [07.05.2020].

104 PETA Deutschland e.V.: 9 Gründe, warum Umweltzerstörung durch Tierprodukte entsteht (Stand: Februar 2019), abrufbar unter https://www.peta.de/umwelt. [07.05.2020].

105 https://www.ingenieur.de/technik/fachbereiche/medizin/corona-auf-manchen-oberflaechen-bleibt-virus-lange-ansteckend/

106 Helmholtz-Zentrum Potsdam — Deutsches GFZ: Mikroplastik könnte an der Basis der Nahrungskette ansetzen. https://www.eskp.de/schadstoffe/mikroplastik-koennte-an-der-basis-der-nahrungskette-ansetzen/. [07.05.2020].

107 Bayerisches Landesamt für Umwelt (2014): Mikroplastik in der Umwelt, Statuskolloquium, 03.07.2014, S. 17.

108 Smart Energy for Europe Platform gGmbH (SEFEP, 2018): Neue Infografik: Macht ein halbes Grad weniger Erderwärmung einen Unterschied? (Stand: 21.08.2018). https://www.klimafakten.de/meldung/neue-infografik-macht-ein-halbes-grad-weniger-erderwaermung-einen-unterschied. [07.05.2020].

109 J. Cook; D. Nuccitelli; S. Green u.a.: Quantifying the consensus on anthropogenic global warming in the scientific literature. (Stand: 15.05.2013). https://iopscience.iop.org/article/10.1088/1748-9326/8/2/024024. [07.05.2020].

110 C. Steinlein; J. Marotzke: So leugnen Skeptiker den Klimawandel (Stand: 23.09.2014), abrufbar unter https://www.focus.de/wissen/klima/tid-8638/diskussion_aid_234320.html. [08.07.2020].

111 Smart Energy for Europe Platform gGmbH (SEFEP, 2016): Behauptung: »Tiere und Pflanzen werden sich an den Klimawandel anpassen«, abrufbar unter https://www.klimafakten.de/behauptungen/behauptung-tiere-und-pflanzen-werden-sich-den-klimawandel-anpassen. [07.05.2020].

112 Bündnis 90/Die Grünen: Recycling – Deutschland ist nicht Recyclingweltmeister (Stand: 18.01.2019), abrufbar unter https://www.gruene-bundestag.de/themen/umwelt/deutschland-ist-nicht-recyclingweltmeister. [07.05.2020].

113 Süddeutsche Zeitung GmbH: Klimawandel verbreitet die größte Angst (Stand: 11.02.2019), abrufbar unter https://www.sueddeutsche.de/wissen/klimawandel-studie-1.4323957. [07.05.2020].

114 ProVeg e.V.: Vegan-Trend – Zahlen und Fakten zum Veggie-Markt (Stand: 11.01.2019), abrufbar unter https://proveg.com/de/pflanzlicher-lebensstil/vegan-trend-zahlen-und-fakten-zum-veggie-markt. [07.05.2020].

115 S. Messner: Lebensmittel per Luftfracht – eine vermeidbare Umweltsünde (Stand: 12.08.2016), abrufbar unter https://www.greenside-story.de/lebensmittel-per-luftfracht-eine-vermeidbare-umweltsu-ende/997. [07.05.2020].

116 SinnGut GmbH (2014): Lebensmittel-Transporte mit dem Flugzeug: Eine Infografik, abrufbar unter https://nachhaltig-sein.info/privatpersonen-nachhaltigkeit/wirkung-von-lebensmittel-transporten-auf-umwelt-infografikt/wirkung-von-lebensmittel-transporten-auf-umwelt-infografik. [07.05.2020].

117 S. Messner: Lebensmittel per Luftfracht – eine vermeidbare Umweltsünde (Stand: 12.08.2016), abrufbar unter https://www.greenside-story.de/lebensmittel-per-luftfracht-eine-vermeidbare-umweltsu-ende/997. [07.05.2020].

118 S. Messner: Lebensmittel per Luftfracht – eine vermeidbare Umweltsünde (Stand: 12.08.2016), abrufbar unter https://www.greenside-story.de/lebensmittel-per-luftfracht-eine-vermeidbare-umweltsu-ende/997. [07.05.2020].

119 M. Keller (2010): Flugimporte von Lebensmitteln und Blumen nach Deutschland – Eine Untersuchung im Auftrag der Verbraucherzentralen, abrufbar unter https://www.verbraucherzentrale.nrw/sites/default/files/migration_files/media165531A.pdf. [07.05.2020].

120 S. Messner: Lebensmittel per Luftfracht – eine vermeidbare Umweltsünde (Stand: 12.08.2016), abrufbar unter https://www.greenside-story.de/lebensmittel-per-luftfracht-eine-vermeidbare-umweltsu-ende/997. [07.05.2020].

121 Verbraucherzentrale Bayern e.V.: Station – Beeren und Bohnen – miles and more, abrufbar unter https://www.verbraucherzentrale-bayern.de/sites/default/files/2017-08/Station%20Beeren%20und%20Bohnen.pdf. [07.05.2020].

122 C. Drösser: Werden deutsche Nordseekrabben in Marokko gepult? (Stand: 12.06.2019), abrufbar unter https://www.zeit.de/2019/25/nordseekrabben-herkunft-marokko-pulbetrieb-gross-handel-stimmts. [07.05.2020].

123 Energieagentur Rems-Murr gGmbH: Ernährung und CO_2, abrufbar unter http://www.klik-co2.de/KLiK_Ernahrung.pdf. [07.05.2020].

124 Öko-Institut e.V.: Umweltfolgen des Nahrungsmittelkonsums (Stand: 2000), abrufbar unter https://www.oeko.de/oeko-doc/80/2000-012-de.pdf. [07.05.2020].

125 Energieagentur Rems-Murr gGmbH: Ernährung und CO_2, abrufbar unter http://www.klik-co2.de/KLiK_Ernahrung.pdf. [07.05.2020].

126 PROVIEH e.V.: »Moderne Landwirtschaft« bedroht die Bienen (Stand: 25.11.2011), abrufbar unter https://www.provieh.de/node/11021. [07.05.2020].

127 SONNENTOR Kräuterhandelsgesellschaft mbH: 10 Gründe, warum Bio einfach besser ist, abrufbar unter https://www.sonnentor.com/de-at/ueber-uns/bio-nachhaltigkeit/warum-bio-besser-ist. [07.05.2020].

128 Westdeutscher Rundfunk Köln: Ist BIO immer besser? (Stand: 02.04.2019), abrufbar unter https://www.quarks.de/umwelt/landwirtschaft/oekologische-vs-konventionelle-landwirtschaft-ist-bio-immer-besser. [07.05.2020].

129 J. Poore; T. Nemecek (2018): Reducing food's environmental impacts through producers and consumers, https://science.sciencemag.org/content/360/6392/987.long. [07.05.2020].

130 NAHhaft e.V.: Was hat unser Essen mit dem Klima zu tun?, abrufbar unter https://www.klimateller.de/essen-klima. [07.05.2020].

131 Bundesministerium für Umwelt, Naturschutz und nukleare Sicherheit (BMU): Klimaschutz beim Einkauf: Wo Sie am

besten anfangen, abrufbar unter https://www.mein-klimaschutz.de/beim-einkauf. [07.05.2020].
132 Statista GmbH: Pro-Kopf-Konsum von Fleisch in Deutschland in den Jahren 1991 bis 2019 (April 2020), abrufbar unter https://de.statista.com/statistik/daten/studie/36573/umfrage/pro-kopf-verbrauch-von-fleisch-in-deutschland-seit-2000. [07.05.2020].
133 C. Wirz: Das Ende des Tötens (22.01.2016), abrufbar unter https://www.nzz.ch/gesellschaft/lebensart/gesellschaft/das-ende-des-toetens-1.18681317. [07.05.2020].
134 Inspiriert durch eine indianische Weisheit.
135 ProVeg e.V.: Vegan-Trend – Zahlen und Fakten zum Veggie-Markt (Stand: 11.01.2019), abrufbar unter https://proveg.com/de/pflanzlicher-lebensstil/vegan-trend-zahlen-und-fakten-zum-veggie-markt. [07.05.2020].
136 J. Balz, J. Blekker, B. Demrovski u.a. (2015): Das Klimakochbuch, Franckh-Kosmos Verlags-GmbH Co. KG, Stuttgart, Informationen abrufbar unter https://www.klimaschutz-troisdorf.de/fix-und-fertig-fertiggerichte-auf-dem-pruefstand. [07.05.2020].
137 B. Wintermantel (2019): Rindfleisch nur auf Platz 2: Diese Lebensmittel sind die schlimmsten Klimakiller, abrufbar unter https://www.oekotest.de/essen-trinken/Rindfleisch-nur-auf-Platz-2-Diese-Lebensmittel-sind-die-schlimmsten-Klimakiller-_600836_1.html. [07.05.2020].
138 H. Engeln, J. Hauschild, R. Harf: Lebensmittelproduktion – Wie klimafreundlich ist unsere Nahrung?, abrufbar unter https://www.geo.de/natur/oekologie/3332-rtkl-lebensmittelproduktion-wie-klimafreundlich-ist-unsere-nahrung. [07.05.2020].
139 Universität Gießen, Ökologie und Landbau: Zahlen nach Pendos CO_2-Zähler (2007), abrufbar unter https://academy.edulabs.org/mod/page/view.php?id=186&lang=de. [07.05.2020].
140 Albert Schweitzer Stiftung für unsere Mitwelt: Warum Sojawurst nicht dem Regenwald schadet (Stand: 01.06.2018). https://albert-schweitzer-stiftung.de/aktuell/warum-soja- wurst-nicht-dem-regenwald-schadet. [07.05.2020].
141 Rittenau, Niko (2019): Vegan Klischee adé, 3. Aufl., Berlin, S. 391.
142 Der Begriff des Anthropozäns beschreibt das Zeitalter, in dem der Mensch zu einem der entscheidenden Einflussfaktoren für biologische, geologische und atmosphärische Prozesse auf dem Planeten Erde geworden ist.
143 M. P. Rowland: 11 Facts About Your Food That Will Shock You (Stand: 03.01.2017), abrufbar unter https://www.forbes.com/sites/michaelpellmanrowland/2017/01/03/shocking-food-facts/#62b4a09d1574. [14.07.2020].
144 Deutsche Welthungerhilfe e.V.: Hunger: Verbreitung, Ursachen & Folgen (Stand: 04.05.2020). https://www.welthungerhilfe.de/hunger. [07.05.2020].
145 M. Berners-Lee, C. Kennelly, R. Watson u.a. (2018): Current global food production is sufficient to meet human nutritional needs in 2050 provided there is radical societal adaptation, abrufbar unter https://www.elementascience.org/articles/10.1525/elementa.310. [07.05.2020].
146 R. Vogl: 19% oder 7% Mehrwertsteuer bei Lebensmittel?, abrufbar unter http://www.mehrwertsteuerrechner.com/mehrwertsteuer-lebensmittel. [07.05.2020].
147 Greenpeace European Unit: Feeding The Problem – The dangerous intensification of animal farming in europe (Februar 2019), abrufbar unter https://www.greenpeace.de/sites/www.greenpeace.de/files/publications/cap_report_livestock.pdf. [28.07.2020].
148 M. Zwerenz: Warum Butter einer der größten Klimakiller ist, abrufbar unter

https://ze.tt/warum-butter-einer-der-groessten-klimakiller-ist. [07.05.2020].
149 F. Menke: Klimaschutz: Bei der Butter ist nichts in Butter (Stand: 17.06.2019), abrufbar unter https://www1.wdr.de/verbraucher/klima-lebensmittel-100.html. [07.05.2020].
150 F. Alt; B. Alt: Diese Lebensmittel verbrauchen am meisten Wasser in der Herstellung! (Stand: 01.05.2018), abrufbar unter https://www.sonnenseite.com/de/umwelt/diese-lebensmittel-verbrauchen-am-meisten-wasser-in-der-herstellung.html. [07.05.2020].
151 F. Massholder: Virtuelles Wasser in Lebensmitteln, abrufbar unter https://www.lebensmittellexikon.de/v0001020.php. [07.05.2020].
152 M. Bolzli: Wegen Klimawandel könnte die Kakaobohne aussterben (Stand: 08.04.2019), abrufbar unter https://www.nau.ch/news/wirtschaft/wegen-klimawandel-konnte-die-kakaobohne-aussterben-65503746. [07.05.2020].
153 WWF Deutschland: Palmöl (Stand: 31.07.2018), abrufbar unter https://www.wwf.de/themen-projekte/landwirtschaft/produkte-aus-der-landwirtschaft/palmoel. [07.05.2020].
154 R. Moutafis: Kokosmilch: Gesunde Nährwerte oder exotischer Klimakiller? (Stand: 27.11.2017), abrufbar unter https://utopia.de/ratgeber/kokosmilch-gesunde-naehrwerte-oder-exotischer-klimakiller. [07.05.2020].
155 Max-Planck-Gesellschaft zur Förderung der Wissenschaften e.V.: Reisanbau bedroht das Weltklima, abrufbar unter https://www.max-wissen.de/public/downloads/Geo6_Arbeitsblatt1. [07.05.2020].
156 R. Soldt (2019): Reisanbau von Klimawandel bedroht (Stand: 06.11.2019), abrufbar unter https://www.faz.net/aktuell/gesellschaft/weltweiter-reisanbau-von-klimawandel-bedroht-16471844.html. [07.05.2020].
157 P. Carstens: Extrem hoher Wasserverbrauch – Dänische Supermärkte listen chilenische Avocados aus (Stand: 22.03.2017), abrufbar unter https://www.geo.de/natur/nachhaltigkeit/16027-rtkl-extrem-hoher-wasserverbrauch-daenische-supermaerkte-listen. [07.05.2020].
158 Handelsblatt GmbH: Warum Luxuswasser völlig unnötig ist (Stand: 10.01.2018), abrufbar unter https://orange.handelsblatt.com/artikel/38137. [07.05.2020].
159 Bund für Umwelt und Naturschutz Deutschland e.V. (BUND): Teuer, umweltschädlich – der überflüssige Griff zum Mineralwasser, abrufbar unter https://www.bund.net/fileadmin/user_upload_bund/publikationen/bund/bundmagazin/bund_bundmagazin_3_2018_gut_leben.pdf. [07.05.2020].
160 Deutsche Umwelthilfe e.V.: Problem Einweg-Plastikflaschen, abrufbar unter https://www.duh.de/mehrweg-klimaschutz0/einweg-plastikflaschen. [07.05.2020].
161 https://www.heise.de/tp/features/CO2-Verbrauch-einer-Flasche-Wein-3506554.html
162 DER SPIEGEL GmbH & Co. KG: Klimawandel bedroht Hälfte der weltweiten Weinanbaugebiete (Stand: 29.01.2020), abrufbar unter https://www.spiegel.de/wissenschaft/natur/wein-klimawandel-bedroht-haelfte-der-weinanbaugebiete-a-492c6fde-fba7-4816-8bfb-31e9af96639f. [07.05.2020].
163 Statista GmbH: Pro-Kopf-Konsum von Heißgetränken in Deutschland nach Art in den Jahren 2000 bis 2018 (Oktober 2019), abrufbar unter https://de.statista.com/statistik/daten/studie/5271/umfrage/pro-kopf-verbrauch-an-heissgetraenken-in-deutschland-seit-2000. [07.05.2020].
164 Fischer, T.; Deutsche Umwelthilfe e.V.: Krönung des Verpackungsirrsinns: Deutsche Umwelthilfe kritisiert Nestlé

für die Einführung eines neuen Aluminium-Kaffeekapselsystems (Stand: 05.09.2018). https://www.presseportal.de/pm/22521/4053101. [07.05.2020]

165 M. Opray; The Guardian (2019): The end of coffee: could Australia save the world's beans? (Stand: 07.01.2019), abrufbar unter https://www.theguardian.com/food/2019/jan/07/the-end-of-coffee-could-australia-save-the-worlds-beans. [07.05.2020].

166 H. von Witzke, S. Noleppa, I. Zhirkova; WWF Deutschland (2014): Fleisch frisst Land, abrufbar unter https://mobil.wwf.de/fileadmin/fm-wwf/Publikationen-PDF/WWF_Fleischkonsum_web.pdf. [07.05.2020].

167 Bundesanstalt für Landwirtschaft und Ernährung: Ökologischer Haferanbau, abrufbar unter https://www.oekolandbau.de/landwirtschaft/pflanze/spezieller-pflanzenbau/getreide/hafer. [06.08.2020].

168 SAATEN-UNION GmbH: Roggen punktet im Klimawandel, abrufbar unter https://www.saaten-union.de/index.cfm?m=facts&nav=153&id=10201&long-version. [07.05.2020].

169 M. Warnecke: Weizen ohne Klima anzuheizen (14.03.2007), abrufbar unter https://www.stern.de/panorama/wissen/klimafreundlich-essen-weizen-ohne-klima-anzuheizen-3357346.html. [07.05.2020].

170 D. Albat (2019): Der Klimawandel bedroht den Weizenanbau (Stand: 26.09.2019), abrufbar unter https://www.wissenschaft.de/erde-klima/der-klimawandel-bedroht-den-weizenanbau/

171 Berioo GmbH: Couscous – Alles was du darüber wissen solltest, abrufbar unter https://www.berioo.de/couscous-alles-was-du-darueber-wissen-solltest. [07.05.2020].

172 M. Janson; co2online: Die Öko-Bilanz unseres Frühstücks (Stand: November 2017), abrufbar unter https://de.statista.com/infografik/11730/die-oeko-bilanz-unseres-fruehstuecks. [14.10.2020]

173 Umweltbundesamt (2019): Plastiktüten (Stand: 12.06.2019). https://www.umweltbundesamt.de/umwelttipps-fuer-den-alltag/haushalt-wohnen/plastiktueten. [07.05.2020].

174 Deutsche Umwelthilfe e.V.: Gute Becher – schlechte Becher, abrufbar unter https://www.duh.de/becherheld-problem. [07.05.2020].

175 Orb Media (2018): Neue Recherchen von Orb Media weisen global auf Mikroplastik in abgefülltem Flaschenwasser hin (Stand: 14.03.2018). https://www.presseportal.de/pm/129923/3891538. [07.05.2020].

176 Norddeutscher Rundfunk (2019): Nestlé gräbt Vittel das Wasser ab (Stand: 29.03.2019). https://www.tagesschau.de/wirtschaft/boerse/wasserknappheit-nestle-101.html. [12.09.2019].

177 ECOVENTA GmbH: Plastik ist nicht fantastisch. Die nachhaltige Alternative Leitungswasser (Stand: 15.09.2017). https://veggienale.de/plastik-ist-nicht-fantastisch-die-nachhaltige-alternative-leitungswasser. [09.08.2019].

178 A. Flatley: Stiftung Warentest – Leitungswasser ist gesünder als Mineralwasser, abrufbar unter https://utopia.de/stiftung-warentest-leitungswasser-mineralwasser-26788. [07.05.2020].

179 VCÖ – Mobilität mit Zukunft: P.b.b. Verkehr aktuell 7/2015 – Umweltfreundlich zum Einkaufen, abrufbar unter https://www.vcoe.at/files/vcoe/uploads/News/VCOe-Factsheets/2013-2017/2015-05%20Einkaufswege/VCOE-Factsheet%20Einkaufswege.pdf. [07.05.2020].

180 Foodsharing e.V.: Gesamtstatistik, abrufbar unter https://foodsharing.de/statistik. [07.05.2020].

181 Too Good To Go ApS: Wir sind Too Good To Go und wir retten Lebensmittel!, abrufbar

unter https://toogoodtogo.de/de/about-us. [07.05.2020].
182 S. Follmer (2017): Kühlschrank voll machen oder leer lassen: Was ist besser für den Verbrauch?, abrufbar unter https://praxistipps.focus.de/kuehlschrank-voll-machen-oder-leer-lassen-was-ist-besser-fuer-den-verbrauch_58329. [07.05.2020].
183 Deutsche Welthungerhilfe e.V.: Lebensmittel richtig lagern, abrufbar unter https://www.welthungerhilfe.de/aktuelles/publikation/detail/lebensmittel-richtig-lagern. [07.05.2020].
184 Utopia GmbH: 10 Lebensmittel, die du nicht im Kühlschrank lagern solltest, abrufbar unter https://utopia.de/galerien/lebensmittel-nicht-im-kuehlschrank-lagern/#8. [07.05.2020].
185 F. Tietjen: Lebensmittel haltbar machen – Was ist fermentieren?, abrufbar unter https://www.worldsoffood.de/kochen-und-rezepte/kuechentipps/item/3141-was-ist-fermentieren.html. [07.05.2020].
186 smarticular Verlag: Pulver für die Spülmaschine preiswert selbst herstellen, abrufbar unter https://www.smarticular.net/pulver-fuer-die-spuelmaschine-preiswert-selbst-herstellen. [07.05.2020].
187 Umweltbundesamt (2018): Essensreste, Lebensmittelabfälle (Stand: 30.08.2018), abrufbar unter https://www.umweltbundesamt.de/umwelttipps-fuer-den-alltag/essen-trinken/essensreste-lebensmittelabfaelle#gewusst-wie. [07.05.2020].
188 Maister GmbH: Maister und die Umwelt, abrufbar unter https://www.maister-bbq.de/produkte/maiskohle. [07.05.2020].
189 https://www.penn.museum/sites/biomoleculararchaeology/?p=2464
190 Climate Service Centers Germany: Landwirtschaft als Klimafaktor (Stand: 20.09.2018), abrufbar unter https://wiki.bildungsserver.de/klimawandel/index.php/Landwirtschaft_als_Klimafaktor. [07.05.2020].
191 Basierend auf: https://www.verbraucherzentrale.de/sites/default/files/migration_files/media222992A.pdf
192 F. Alt; B. Alt: Diese Lebensmittel verbrauchen am meisten Wasser in der Herstellung! (Stand: 01.05.2018), abrufbar unter https://www.sonnenseite.com/de/umwelt/diese-lebensmittel-verbrauchen-am-meisten-wasser-in-der-herstellung.html. [07.05.2020].
193 F. Massholder: Virtuelles Wasser in Lebensmitteln, abrufbar unter https://www.lebensmittellexikon.de/v0001020.php. [07.05.2020].
194 Water Footprint Network: Water footprint of crop and animal products: a comparison, abrufbar unter https://waterfootprint.org/en/water-footprint/product-water-footprint/water-footprint-crop-and-animal-products. [07.05.2020].
195 EuropeNow: Water Footprint Network – Using the Water Footprint Concept to Promote Sustainable, Fair, and Efficient Fresh Water Use. https://www.europenowjournal.org/2018/09/04/water-footprint-network-using-the-water-footprint-concept-to-promote-sustainable-fair-and-efficient-fresh-water-use. [07.05.2020].
196 L. Nagel: Das sind die größten Wasserverbraucher (Stand 27.12.2018), https://eatsmarter.de/blogs/veggie-blog/das-sind-die-groessten-wasserverbraucher. [07.05.2020].
197 R. Pichler (2014): Wasserverbrauch, abrufbar unter https://www.swissveg.ch/wasserverbrauch. [07.05.2020].
198 L. Schürmann: 15 Tonnen Wasser für ein Kilo Rindfleisch – essen Kalifornier bald nur noch Nudeln?, abrufbar unter https://www.manager-magazin.de/unternehmen/handel/mm-grafik-wasserverbrauch-von-lebensmitteln-a-1027744.html. [07.05.2020].
199 A. Ercina, M. Aldayab, A. Y. Hoekstra (2011): The water footprint of soy milk

and soy burger and equivalent animal products, abrufbar unter https://waterfootprint.org/media/downloads/Ercin-et-al-2012-WaterFootprintSoy_1.pdf. [07.05.2020].

200 Vereinigung Deutscher Gewässerschutz e.V.: Getreide, abrufbar unter http://virtuelles-wasser.de/getreide.html. [30.10.2020].

201 A. Y. Hoekstra: Virtual water trade – proceedings oft he international expert meeting on virtual water trade (Februar 2003), abrufbar unter https://waterfootprint.org/media/downloads/Report12.pdf. [07.05.2020].

202 D. Haake (2019): Which milk has the smallest impact on the planet?, abrufbar unter https://blog.datawrapper.de/cow-milk-and-vegan-milk-alternatives. [07.05.2020].

203 DA Digitale Arbeit GmbH: Bis zu 27.000 Liter Wasser pro Kilo: Diese Lebensmittel verbrauchen am meisten Wasser in der Herstellung (Stand: 03.05.2018), abrufbar unter https://www.presseportal.de/pm/130544/393403. [30.10.2020].

204 EAT-Lancet Commission: The Planetary Health Diet, abrufbar unter https://eatforum.org/eat-lancet-commission/the-planetary-health-diet-and-you. [22.09.2020].

205 S. Theiding: Die besten Ei-Ersatz-Zutaten beim Backen ohne Ei (Stand: 20.03.2016), abrufbar unter https://www.kochenohne.de/blog-artikel/ei-ersatz-backen-ohne-ei. [08.05.2020].

206 Albert Schweitzer Stiftung für unsere Mitwelt: Zur Ökobilanz von Pflanzenmilch (Stand: 09.03.2018). https://albert-schweitzer-stiftung.de/aktuell/oekobilanz-pflanzenmilch. [07.05.2020].

Bildnachweis

Stephanie Just:
S. 106; S. 108; S. 112; S. 114; S. 121; S. 124; S. 126; S. 135; S. 138; S. 150; S. 162; S. 166; S. 171; S. 178; S. 184; S. 188, S. 192; S. 195; S. 198; S. 201

Shutterstock.com:
S. 10: MoreVector; S. 33: Prokopenko Oleg; S. 42: Nelli Syrotynska; S. 53: Oksana Mizina; S. 64: stockcreations; S. 91: mythja; S. 101: Africa Studio; S. 103: a Sk; S. 104: Pinkyone; S. 105: Amallia Eka; S. 110: VICUSCHKA; S. 119: Nina Firsova; S. 123: Anna_Pustynnikova; S. 128: marcin jucha; S. 129: Lyubov Sitnikova; S. 130: Jukov studio; S. 131: Magdanatka; S. 132: ltummy; S. 134: Ekaterina Kondratova; S. 136: Liliya Kandrashevich; S. 140: nadianb; S. 141: NoirChocolate; S. 142: Kati Finell; S. 145: nelea33; S. 147: Irina Meliukh; S. 149: Magdanatka; S. 153: Liliya Kandrashevich; S. 154: Anna Shepulova; S. 156: artem evdokimov; S. 158: VICUSCHKA; S.159: Elena Schweitzer; S. 160: Elena Veselova; S. 163: Lyudmila Mikhailovskaya; S. 164: Magdanatka; S. 168: Arkadiusz Fajer; S. 169: Kolpakova Svetlana; S. 173: Irina Rostokina; S. 174: marco mayer; S. 176: Timolina; S. 180: Alexey Borodin; S. 181: Stepanek Photography; S. 182: Brent Hofacker; S. 183: Barbara Neveu; S. 185: Viktor Kochetkov; S. 186: NINALOVESFOOD; S. 190: Anna Hoychuk; S. 197: Anna Shepulova; S. 202: Ron Vargas; S. 203: Phish Photography; S. 204: alexzrv; S. 209: Tatevosian Yana; Tippsymbol/Glühbirne: Raturu